www.tredition.de

AF198281

Matthias Rieger

Mr. Cat verlässt Hartz IV

Mit den Strategien der Erfolgscoaches den Weg aus der Armut finden

Motivation, Planung und Umsetzung eines sozialen Aufstiegs

www.tredition.de

© 2019 Matthias Rieger
Umschlag, Illustration: Vorlage Tredition
Bild Cover: istock, oatawa, Nr. 626188422
Korrektorat: Dr. Matthias Feldbaum

Verlag & Druck: tredition GmbH, Halenreie 40-44, 22359 Hamburg

ISBN

978-3-7482-5767-7   (Paperback)
978-3-7482-5768-4   (Hardcover)
978-3-7482-5769-1   (e-Book)

Inhaltsverzeichnis

1. Einleitung

1.1 Vorwort

Es erwischte mich am 1.11.2010. Zu der Zeit wusste ich noch nicht, welch steiniger Weg vor mir liegen würde. Ich war einige Wochen zuvor durch mein zweites Staatsexamen gerasselt. Lehrer wollte ich werden, für BWL und Sozialkunde. Dachte ich zumindest, bzw. ich habe es mir eingeredet. Später stellte sich heraus, dass dies nur eine Kompromisslösung war, und solche Kompromisse verlaufen selten gut. Bereits bei der Vereidigung zum Beamten auf Probe drehte sich mir der Magen um, alles in mir schrie nach Freiheit, dem Gegenteil von Verbeamtung. Jedenfalls landete ich so nach dem Referendariat in Hartz IV, denn als Beamter zahlen Sie nicht in die Arbeitslosenversicherung ein. Für die Rente ist es auch nicht erträglich, die Nachversicherung sorgt für zwei

Jahre, bei denen mir nur der Arbeitgeberanteil gutgeschrieben wurde.

Falsche Entscheidungen führten zu Depressionen, und die Depressionen zum Absturz. So lief mein Weg nach unten, mit beinahe allem dabei, was dazu gehört. Verwahrlosung der Wohnung, zu viel Alkohol, der falsche Umgang, verschiedene Jobs und viele Termine beim Amt. Ich hatte mindestens vier verschiedene Berater und war das Gesprächsthema Nr. 1 bei der Truppe. Ein Studierter mit Ausbildung im Steuerrecht in Hartz IV, das hatte noch keiner erlebt. Ich wäre gerne woanders der Erste gewesen.

Letzten Endes wurden es vier Jahre und fünf Tage. Finanziell betrachtet war diese Zeit eine Katastrophe. Ängstliche Menschen würden sagen, die Zeit fehlt ihnen in der Rente. An das Ding habe ich eh meinen Glauben verloren, ich halte den Zusammenbruch oder zumindest eine gewaltige

Erosion der Rente für wahrscheinlicher, als dass ich mich auf sie verlassen würde. Ich war schon immer ein freiheitsliebender Mensch, ich habe nicht so gern einen Chef über mir. Das muss schon eine besondere Person sein, jemand von dem ich etwas lernen kann oder der gewisse Werte lebt. Aber ich mag garantiert keine Chefs, die falsche Anweisungen geben, ihre Mitarbeiter verheizen, von Organisation keine Ahnung haben und Dienstpläne als Waffe verwenden. Viele Chefs sind aber nun mal so, man kann sie sich nicht backen. Aber man kann den Arbeitsplatz wechseln.

„Dazu muss man erst mal einen Arbeitsplatz haben" werden Sie jetzt einwerfen, falls Sie Langzeitarbeitsloser, Sozialhilfeempfänger oder Aufstocker sind. Stimmt, ich gebe Ihnen recht. Genau deswegen haben Sie sich dieses Buch zugelegt. Und genau für Sie habe ich dieses Buch geschrieben, bzw. werde es für Sie schreiben. Denn so wie Sie sich am Anfang des Buches befinden, bin ich am Anfang es zu schreiben. Ich bin Ihnen nur ein paar Züge voraus. Wie auch immer Sie dort gelandet sind, durch Geburt, Arbeitslosigkeit, Krankheit oder was auch immer: Sie sind es sich schuldig, dort raus zu kommen!

Wohl gemerkt, sich selbst, niemanden sonst, außer vielleicht ihrer Familie. Die Leute, die jetzt mit dem Finger auf Sie zeigen, lenken meist von ihren eigenen Unzulänglichkeiten ab. Es ist eine schlechte Angewohnheit der Menschen in Deutschland, andere schlecht zu machen, um sich selbst besser zu fühlen. Vergessen Sie diese Personen, es geht nur um Sie und um Ihre Zukunft, und um die ihrer Kinder.

Ich habe es geschafft, ich habe mich von dort unten herausgearbeitet. Sie können es auch schaffen – wenn Sie es *wirklich* wollen. Das ist nämlich so eine Sache. De facto ist Hartz IV eine

Art Grundeinkommen mit Bedingungen. Sie müssen zumindest so tun, als ob Sie Arbeit suchen würden (fünf Bewerbungen pro Monat schreiben und verschicken), dann zahlt Ihnen der Staat eine angemessene Wohnung und (un-)angemessene Leistungen zur Existenzsicherung. Von der Suche sind Sie nur befreit, falls Sie arbeitsunfähig bzw. erwerbsunfähig sind.

In welcher Ausgangslage Sie sich auch immer befinden sollten, wir wollen Ihre Situation gemeinsam verbessern. Betrachten Sie mich als Ihren Mentor, Coach oder Trainer, ganz wie Sie wollen. Da Hartz IV nicht nur ihren Beruf, sondern ihr ganzes Leben beeinflusst, müssen wir für eine Verbesserung ihrer Lebensqualität einen ganzheitlichen Ansatz verwenden.

Am Anfang werde ich Ihnen etwas über die Sozialpolitik in Deutschland erzählen, damit wir eine gemeinsame Basis haben. Danach werden wir uns mit dem Mindset beschäftigen, das bedeutet wir müssen an Ihren Einstellungen und den sogenannten Glaubenssätzen arbeiten. Anschließend gebe ich Ihnen einen Werkzeugkasten an die Hand, bevor ich Ihnen einen Einblick in die wichtigsten Branchen für den Wiedereinstieg gewähre.

Das Buch ist so angelegt, dass es Menschen begleitet und unterstützt, welche nur noch eine Stufe von der Obdachlosigkeit entfernt sind. Falls Sie „nur" ein Niedriglöhner sind, mit dem Geld gerade so klarkommen, auf die Altersarmut dank geringer Rente zusteuern, ansonsten aber viel okay ist, umso besser. Sie werden trotzdem viele Anregungen und Verbesserungspotenziale finden, welche Sie vor der Altersarmut bewahren können. Ihr Leben und Ihre finanzielle Situation werden sich verbessern.

Eine Anmerkung zum Text: Ich verwende die Sprache so, wie ich es in der Schule gelernt habe – ohne Genderstern, ohne Sonderschreibweise für weibliche Leser. Es ist angenehmer so zu schreiben, und auch angenehmer zu lesen. Ich werde mich nicht dafür entschuldigen, wie es in anderen Büchern an dieser Stelle der Fall ist. Wer das Buch deswegen nicht lesen will, scheint noch nicht in einer schlimmen Lage zu sein. Es ist Ihr Leben.

1.2 Der klare Kopf

Stellen Sie sich Ihren folgenden sozialen Aufstieg wie die Besteigung eines Berges vor. Sie benötigen dafür die richtige Ausrüstung, passende Verpflegung, die nötigen Kenntnisse über Bergsteigen, körperliche und geistige Fitness sowie einen oder mehrere Ortskundige. Wir werden uns alles im Laufe der Zeit aneignen. Dafür ist allerdings eine Sache unabdingbar: Sie müssen trocken sein und bleiben! Alkohol und jede Form von Drogen raubt Ihnen die Kraft, die Sie dringend für andere Angelegenheiten benötigen. Jeder Mensch hat morgens 100 % Energie in seinem Speicher – sofern er gesund ist und ein ausbalanciertes Leben führt. Dank Überforderung, falscher Ernährung, mangelndem Schlaf etc. wird dieser Speicher meistens mit der Zeit kleiner, Sie haben also täglich weniger Energie zur Verfügung und bleiben vor dem Fernseher hängen, weil es für mehr nicht reicht. Dieses Verhalten führt zu einer verringerten *Belastbarkeit,* was eine Grundvoraussetzung für die Aufnahme einer Arbeitstätigkeit ist.

Unser erstes Ziel muss es also sein, Ihre Belastbarkeit zu erhöhen und den Energiespeicher wieder zu vergrößern. Das bedeutet Entgiften und Sport, zumindest tägliche Bewegung.

Übung 1: Verabschieden Sie sich von der Flasche. Schütten Sie den Alkohol in den Abfluss, dadurch gewinnen Sie Abstand. Beweisen Sie sich, wie ernst Sie es mit dem sozialen Aufstieg meinen.

Jetzt werden Sie sich wahrscheinlich fragen, wie das in der Zukunft laufen soll? Sie haben schließlich soziale Kontakte, und die trinken doch alle mal einen!

Im Erfolgscoaching sagen wir, das ein Mensch der Durchschnitt der fünf Menschen ist, mit denen er am meisten Kontakt hat. Wenn Sie also am häufigsten mit fünf Alkoholikern Kontakt haben, sind Sie wahrscheinlich selbst einer.

Übung 2: Gehen Sie im Internet auf die Seite *www.kenn-dein-limit.de* und führen Sie einen Alkohol-Selbsttest durch. Verschönern Sie nichts, seien Sie ehrlich zu sich. In Ihrem Umfeld ist die Wahrscheinlichkeit hoch, ein problematisches Ergebnis zu erhalten. Alkohol und Drogen sind Fluchten in andere Welten und Perspektiven, sie verhindern die Auseinandersetzung mit der Realität.

Alkoholismus ist eine Krankheit, welche behandelt werden muss. Solange Sie nicht trocken sind, ist ein Aufstieg aus Hartz IV fast unmöglich, da die Rückfälle Sie aus den erhaltenen Arbeitsplätzen herauskatapultieren werden. Einmal während der

Probezeit wegen einem Rausch verschlafen oder mit einer Fahne bei der Arbeit erscheinen – der Job ist weg. Außerdem könnten Sie unter Alkoholeinfluss sich oder andere bei der Arbeit gefährden.

Bei einer echten Alkoholabhängigkeit kommen Sie um den Entzug nicht umher. Danach erfolgt eine ambulante therapeutische Behandlung, welche häufig von Gruppensitzungen begleitet werden. Die „Anonymen Alkoholiker" sind Ihnen sicher ein Begriff, solche Selbsthilfegruppen gibt es für beinahe alle Süchte und traumatischen Ereignisse (verwaiste Eltern, Missbrauch etc.). So eine Selbsthilfegruppe ist auch eine gute Kontaktmöglichkeit, falls Sie noch nicht in der (körperlichen) Abhängigkeit gelandet sind. Den einen Alkoholiker gibt es nicht, es werden mindestens fünf Typen unterschieden.

1. Der Alpha-Trinker: Der „Problemtrinker" spült schlechte Tage mit einem Glas Whisky oder ein paar Flaschen Bier runter. Es liegt eine psychische Abhängigkeit vor, aber keine körperliche – dort sind sie gefährdet.

2. Der Beta-Trinker: Der Gelegenheitstrinker trinkt vor allem in Gesellschaft. „Ohne Gas im Glas kein Spaß" ist sein Motto, er trinkt in der Kneipe, Disco oder auch das Feierabendbier vor dem Fernseher. Der Gelegenheitstrinker erleidet durch den Dauerkonsum oft Organschäden[1].

---

1   Machen Sie sich nicht so viel Sorgen um die Leber – sie ist für die Entgiftung zuständig und hält einiges aus. Nach einem Jahr Abstinenz ist die Leber komplett regeneriert. Der Alkohol greift jedoch direkt Herz und Gehirn an. Das Gehirn besteht aus Nervenzellen, abgestorbene Gehirnzellen werden nicht ersetzt. Daher leiden viele Alkoholiker später an Demenz.

Abhängig ist er weder körperlich noch psychisch, jedoch gefährdet.

3. Der Gamma-Trinker: Wenn diesem Typ ein Tropfen Alkohol auf die Rezeptoren der Zunge kommt, ist es aus. Er startet voll durch und hört mit dem Saufen erst auf, wenn er in der Ecke liegt. Dieser Typ ist alkoholkrank.

4. Der Delta-Trinker: Der „Pegeltrinker" muss seinen Alkoholpegel möglichst konstant halten. Der Körper hat sich an den Alkohol gewöhnt, daher sieht man diesen Menschen ihren Dauerrausch häufig nicht an. Fehlt der Alkohol, kommt es zu Entzugserscheinungen. Dieser Typ ist alkoholkrank, ein Entzug muss in der Fachklinik stattfinden.

5. Der Epsilon-Trinker: Dieser Typ wird in der Allgemeinheit „Quartalssäufer" genannt.

Er kann wochen- sogar monatelang enthaltsam sein, dann muss er sich eine Zeit lang beinahe täglich die Kante geben. Danach geht er in die nächste Abstinezphase.

Sollten Sie also in der Szene sein, brechen sie die Kontakte ab. Es kommt sonst nur zu Rückfällen, irgendwann können Sie dem angebotenen Schluck („Ist ja nur ein Schluck, schadet doch nicht.") nicht widerstehen, dann schadet auch eine Flasche nicht, die zweite auch nicht, und der Schnaps – morgen hören Sie wieder auf. Und dann wieder morgen, morgen, morgen ... schon sind Sie wieder mittendrin.

Auch unter günstigen Bedingungen werden sie sehr wahrscheinlich Rückfälle erleiden. Nutzen Sie das keinesfalls als Entschuldigung, geben Sie jeden Tag alles, um zu widerstehen. Wenn Sie einen Rückfall haben, sprechen Sie darüber. Hinfallen, aufstehen, abklopfen, weitergehen. Niederlagen gehören zum Leben dazu, manche Menschen kassieren mehr davon als andere. Sie müssen lernen, mit Niederlagen umzugehen und aus ihnen zu lernen. Sie können als Mensch charakterlich und intellektuell mehr an Niederlagen wachsen als an Siegen. In der Therapie oder Gruppensitzung werden die Gründe für die Rückfälle thematisiert, somit kann in ihrer Seele ein Loch nach dem anderen geflickt werden.

Nutzen Sie Alternativen zum Entspannen wie Yoga, Atemmeditation, Autogenes Training, Muskelentspannung nach Jacobsen, Sport oder Lesen. Der Ausstieg aus der Armut bzw. der Aufstieg raus aus Hartz IV ist vor allem verbunden mit einem Wechsel der Lebenseinstellung und Methodik. Wir wechseln von der Passivität in die Aktivität, wir ersetzen disfunktionale und schädliche Methoden der Problemlösung durch langfristig konstruktive Methoden. Außerdem werden wir Ihren Erfolg definieren, indem wir eine Lebensvision und Ziele für sie entwickeln. Fortschritt entsteht durch aktives Handeln, niemals durch abwarten.

Sollten Sie ein problematisches Ergebnis beim Alkoholtest erhalten, sprechen Sie bitte mit Ihrem Arzt oder mit einer Suchtberatungsstelle. Eventuell haben Sie einen Entzug oder zumindest eine ambulante Therapie vor sich. Holen Sie sich jemanden, der Sie bei dem Ausstieg aus der Sucht begleitet. Selbsthilfegruppen bieten häufig Mentorenprogramme an. Dieses Verfahren gilt nicht nur für Alkohol, sondern für alle Drogen.

Von hier an geht es nur noch mit Abstinenz weiter.

2. Sozialpolitik in Deutschland

2.1 Alimentierung statt Investition

Sie haben einen Job. Dann plötzlich hatten Sie ihn. Kurzes Gespräch mit dem Chef, wenn überhaupt, vielleicht auch nur mit der Personalabteilung, schon ist die Kündigung da. Oder der befristete Vertrag wird nicht verlängert, und Sie erfahren das am letzten Tag – beliebtes Spiel, Sie könnten sonst krank feiern. Aber das macht nichts, wir haben ja die Arbeitslosenversicherung. Sofern Sie mindestens 20 Monate in diese Institution eingezahlt haben, haben Sie das Recht erworben, etwas zurückzuerhalten. Sie müssen sich natürlich rechtzeitig arbeitssuchend melden, spätestens drei Monate vor Ablauf eines befristeten Vertrages, bzw. innerhalb von drei Tagen, nachdem Ihnen gekündigt wurde. Dann erhalten Sie gnädigerweise 60 % vom letzten Arbeitslohn bzw. vom Durchschnitt der letzten zwölf Monate, falls Sie Kinder haben sogar ganze 67 % (wundern Sie sich nicht über meinen Stil, ich halte die Arbeitslosenversicherung in ihrer jetzigen Form für unnütz, sinnlos und reine Geldverschwendung – wenn man sich unersetzlich macht, findet man immer was, die Beiträge wären auf dem eigenen Bankkonto besser angelegt). Das Problem ist dabei, dass dieser Betrag zwar zum leben reichen kann, aber die Kosten einer wirklich intensiven Arbeitsplatzsuche und Fortbildung nicht abdeckt. Sinnvoller wäre es, ALG I für einen kürzeren Zeitraum, dafür aber auch in einer größeren Höhe, z. B. 80 % auszuzahlen. Da könnte der Arbeitssuchende drei Monate in die Zukunft investieren. Haben wir aber nicht, also müssen wir mit den vorhandenen Mitteln klarkommen, und oftmals das Nächstbeste nehmen.

2.2 Lassen Sie sich nicht verwalten

Jetzt sind Sie also arbeitslos und werden alimentiert. Und unterstützt, von kompetenten Beratern beim Jobcenter – meinen sie zumindest. Vielleicht wissen Sie es nicht, aber:

Es gibt keine Ausbildung zum Arbeitsvermittler!

Zumindest bei der Arge. Das sind alles gelernte Verwaltungsfachkräfte, die on the Job mit ihrer Tätigkeit vertraut gemacht werden.[2] Deren Anweisung lautet, für gute Zahlen in der Statistik zu sorgen. Das bedeutet, Sie sollen aus der Arbeitslosenzahl verschwinden. Es kümmert diese Personen nicht, wo es für Sie hingeht, ob die neue Tätigkeit zu Ihnen passt oder ob Sie dort eventuell

---

2   Besonders tragisch ist, dass viele Vermittler ausgebrannt sind und sich versetzen lassen – meistens dann, wenn sie endlich genug Erfahrung gesammelt haben um den Job gut zu machen.

leiden. Sie müssen nur aus der verdammten Statistik verschwinden, das ist deren Erfolg!

Das Problem liegt also darin, dass Sie ohne Orientierung „versetzt" werden; bildlich gesprochen: Sie werden in ein Flugzeug gesetzt mit Kurs irgendwo nach nirgendwo. Mangels Kompetenz, Überlastung und Vorgaben können die Personen in der Verwaltung nicht anders. Daraus wiederum ergibt sich für Sie die Verpflichtung, die Richtung vorzugeben, ansonsten werden Sie in sinnlose Qualifizierungs-maßnahmen gesteckt – Staplerschein für gelernte Bürokaufleute und was es sonst noch so feines sinnfreies gibt.[3]

Für Sie ergibt sich daraus die Konsequenz, vorbereitet zu diesen Gesprächen gehen zu

---

3   Einzige sinnvolle Ausnahme: die Bürofachkraft möchte Lagerarbeiter werden. Danach werden Sie aber meistens nicht gefragt.

müssen. *Sie* müssen wissen, *was* Sie wollen, *wie* Sie es bekommen können bzw. *wer* es Ihnen geben kann und *welche* Unterstützung Sie dafür benötigen. Sie müssen der *aktive* Posten sein, sonst enden Sie als humanoide Manövriermasse.

2.3 Wer mehr verdient, bekommt weniger – die Krux mit der Subvention

Nach derzeitigen Stand ist es so: Die ersten 100,– EUR, welche man bei Hartz-IV-Bezug dazu verdient, kann man komplett behalten, von den nächsten jeweils 100,– darf man 20,– EUR behalten, später kürzt sich das noch auf 10,– EUR. Ich verstehe jeden, der sagt, da lohnt sich das Arbeiten nicht.

Es gilt ja nicht nur bei Hartz IV. Auch andere Sozialleistungen wie Wohngeld haben Schwellenwerte, welche bei Erreichen eines gewissen Einkommens zu verringerten oder sogar dem Verlust von Sozialleistungen führen. Sogar ohne Sozialleistungen können Sie durch mehr verdientes Geld weniger Bezüge erhalten, das können Sie jederzeit online mithilfe eines Brutto-

Netto-Rechners überprüfen. Vergleichen Sie einmal einen sozialversicherungsfreien 450,– EUR-Bezug mit einem Midi-Job in der Gleitzone. Wenn Sie 500,– EUR brutto verdienen, kommen ca. 437,– EUR raus. Falls jemand einwenden sollte, dass im Gegenzug Rentenansprüche erworben werden würden, könnte ich das nur als zynisch bezeichnen.

Solche Schwellenwerte finden sich häufiger. Für den Bildungsscheck zur Unterstützung der Fortbildung dürfen Sie als Alleinstehender maximal 20.000,– EUR steuerliches Einkommen beziehen, bei Ehepaaren verdoppelt sich der Betrag. Für die Bildungsprämie liegt die Fördergrenze jeweils doppelt so hoch; das hat mir allerdings nichts genützt, den mein Arbeitgeber hatte über 249 Mitarbeiter und somit fiel ich aus der Förderung – die Schwellenwerte sind also nicht nur finanziell, es sind oft noch andere

Kriterien einzuhalten. Daher kommen Sie meistens nicht um eine Beratung herum. Das ist nicht schlimm, nur leider wissen in Deutschland die meisten Personen nichts von diesen Programmen, oder sie wissen nicht, an wen sie sich wenden können bzw. müssen, um eine Förderung zu erhalten. Es sind nicht nur die Sozialämter zuständig, viele Beratungen zu Gutscheinen gibt es bei Wirtschaftsförderinstituten wie IHKs.

2.4 Mangel an Vermögen – Eine Rente kann man nicht vererben, den Sozialstatus dagegen schon

Hier geht es um einen Denkfehler, welcher auch in der (erodierenden) Mittelschicht in Deutschland weit verbreitet ist. Die meisten Menschen aus Unter- und Mittelschicht meinen, Vermögen in Versicherungen wäre das gleiche wie Vermögen in Immobilien, Aktien, oder Einlagen auf Sparkonten. Einigen scheinen Vermögensanlagen in Versicherungen sogar die bessere Alternative zu sein, wahrscheinlich weil in „Versicherung" das Wort „Sicherheit" eingebettet ist. Sie vergessen dabei, dass Sicherheit ihren Preis hat, die Versicherungsmakler und Angestellten des Versicherungskonzerns sowie dessen Aktionäre wollen auch ihren Anteil zum Leben, die werden von den Versicherungskunden mitfinanziert.

Ich will damit nicht sagen, Sie sollen sich nicht versichern. Der Schuss ginge voll nach hinten los. Etliche sinnvolle Versicherungen sind verpflichtend wie z. B. die Kfz-Haftpflichtversicherung. Meines Ermessens ist eine Berufsunfähigkeitsversicherung rausgeschmissenes Geld, da Sie z. B. als Bäcker mit plötzlich aufgetretener Mehlstauballergie immer noch voll arbeitsfähig sind, nur halt nicht in dieser Branche. Deswegen müssen Sie der Versicherung jedoch nicht pro Jahr ein ganzes Monatsgehalt schenken, das können Sie besser sparen. Kurze Umorientierung, eventuell eine Umschulung, schon sind Sie wieder voll im Rennen.

Vor allem geht es mir in diesem Teil jedoch um Ansprüche aus Renten. Natürlich ist das Geld, welches Sie in die gesetzliche Rentenkasse einzahlen, objektiv betrachtet Bestandteil ihres Vermögens. Wenn jetzt der Rentenbezieher verstirbt, fällt das restliche Geld jedoch an die Rentenkasse. Ein eventuell hinterbliebener Ehepartner hat zwar Anspruch auf eine Witwenrente, die entspricht allerdings nur noch 50 % und bringt die Hinterbliebenen oft in finanzielle Bedrängnis.

Sollte der Bezieher einer Kapitalrente versterben, gibt es gar keine Witwenrente, der Bezugsanspruch endet mit dem Tod des Versicherten – außer es wurde eine Mindestlaufzeit vereinbart, von z. B. zehn Jahren. Dann wird die Auszahlung der Rente erst nach diesen zehn Jahren beendet, Ansprüche auf ein eventuell noch vorhandenes Restvermögen gibt es nicht. Da darf man den Versicherern auch keinen Vorwurf machen, so funktioniert das System; irgendwie müssen ja auch die Renten der Menschen finanziert werden, welche länger leben als der Durchschnitt.

Besonders kompliziert wird es bei der Ansparphase einer Versicherung. Verstirbt der Versicherte während der Ansparphase einer privaten Rentenversicherung oder einer Riester-Rente, fällt das angesparte Vermögen (abzüglich der bereits gezahlten Provisionen und Gebühren) normalerweise an die Erben, und zwar vollständig. Bei einer betrieblichen Versicherung dagegen steht den Erben nur eine befristete Hinterbliebenenrente zu – sofern diese vertraglich vereinbart wurde, der Rest fällt an den Konzern – egal ob es sich dabei um 500,– oder 50.000,– EUR handelt. Von daher sollten Sie keinen zu hohen Eigenanteil bei der BAV wählen, es sei denn Sie sind Single und kinderlos oder haben zumindest einen ungefährlichen Job.

Dass die Armut in unteren Schicht klebt, hängt nicht nur mit Bildungsproblemen zusammen, sondern auch mit einer nicht vorhandenen oder nur gering ausfallenden Erbmasse. Der größere soziale Aufstieg einer Familie findet über mehrere Generationen statt. Menschen, welche plötzlich und unerwartet an Geld geraten (Lottogewinn) können häufig damit nicht umgehen, der Umgang mit großen Geldmengen muss erlernt sein. Daher steigt eine Familie pro Generation bei guter Bildung um eine Stufe[4] auf, mit viel Fleiß und Ausdauer auch um zwei – mehr ist jederzeit möglich, aber selten und häufig können die Personen sich das nicht vorstellen. Coaches wie Bodo Schäfer werden von der Unterschicht als abgehoben wahrgenommen, weil es diesen Personen einfach nicht möglich ist, die Regeln der (Erfolg-)Reichen auf ihre eigenen Möglichkeiten anzuwenden oder die nötigen Visionen zu entwickeln. Ich kann das nachvollziehen. Wenn du

---

4   Das ist natürlich nur im übertragenen Sinn gemeint, hier haben hier kein Kastensystem wie in Indien.

in Berlin-Hellersdorf oder einem anderen Problembezirk in einem Betonblock wohnst, wo alles grau in grau ist, dann fällt es dir schwer, positive Visionen von der Zukunft zu entwickeln, da willst du erst einmal überleben. Um so wichtiger ist es, etwas Kleines aufzubauen, kleine *Fortschritte* zu machen und diese auch *wahrzunehmen*. Diese Mentalität, diese Einstellung, die nennen wir Trainer und Coaches „Wachstumsorientierung", und eigentlich ist *sie* das große Geheimnis der Reichen. Wachstums-orientierung erfordert:

- eine Vision, einen Lebenstraum, wie es sein soll,

- konkrete, messbare Ziele, um diese Vision zu erreichen,

- den Glauben, diese Ziele erreichen zu *können*,

- den Willen, das Ziel zu erreichen,

- die Ausdauer, dort hinzukommen

- und die Kraft, Widerstände zu beseitigen oder zu ertragen.

Jeder Mensch ist jederzeit in der Lage seine Situation zu verbessern – wenn nicht alleine, dann mit Hilfe.

2.5 Das Stufenmodell der Bildung in Deutschland (vereinfacht)

Grad	Institution	Beispiele
Stufe 5	Universität	Medizin
Stufe 4	Fachhochschule	kaufmännischer Sektor, Gesundheitssektor
Stufe 3	Fortbildung	Meister im Handwerk, Fachkraft für Pflege psychisch Kranker
Stufe 2	Ausbildung	Examinierter Krankenpfleger, Verkäufer, Erzieher
Stufe 1	ungelernt	Helfer im Bau, Wachgewerbe

Für jede dieser Stufen gibt es unterschiedliche Voraussetzungen. Ungelernte Tätigkeiten können

Sie ohne Schulabschluss ausführen, für einen Ausbildungsplatz dagegen benötigen Sie meistens mindestens den Hauptschulabschluss. Sollten Sie keinen Schulabschluss vorweisen können, ist es eventuell möglich sich über ein Praktikum für die Ausbildung zu empfehlen. Ohne Schulabschluss können Sie dann im besten Falle noch eine Fortbildung absolvieren, der Zugang zu FH oder Universität bleibt Ihnen jedoch mangels (Fach-)Abitur verwehrt.

Das Abitur wird in Deutschland allerdings überbewertet. Es ist natürlich für etliche Studiengänge wie Jura oder Medizin Zwangsvoraussetzung, um diese Fächer an der Universität studieren zu können. Viele Berufe können jedoch „on the Job" durch Aus- und Fortbildungen erlernt werden, außerdem ist mit zwölfjähriger Schulzeit (z. B. Realschule und zwei Jahre Höhere Handelsschule – die Bezeichnungen variieren je nach Bundesland) und einer dreijährigen Ausbildung das Fachabitur erreichbar, welches zum Studium an einer Fachhochschule des Berufszweiges berechtigt. Letztlich bedeutet Abitur „allgemeine Hochschulreife", man hat damit die freie Auswahl des Studiums und ist nicht auf einen Bereich festgelegt. Zwangsweise notwendig ist es für die meisten Ausbildungen nicht, Theorie wird überbewertet. Arbeitgeber benötigen vor allem praktisch veranlagte Azubis und Arbeitnehmer, welche in der Firma weiterhelfen. Wichtig sind solide Kenntnisse in Deutsch, Mathe und eventuell einer Fremdsprache. Schauen Sie nicht zuerst auf das, was Sie nicht haben und machen sich schlecht. Schauen Sie nach, was Sie wollen, was Sie dafür benötigen und holen Sie das nach. Gerade für Bildungsabschlüsse gibt es reichlich Angebote zur Nachqualifikation.

Denken Sie daran: Es nützt nichts, 1000 Bücher nur zu lesen, Sie müssen ins *Handeln* kommen.

2.6 Übung: Welcher Job passt zu Ihnen?

Um aus der Arbeitslosigkeit herauszukommen, müssen vier Fragen beantwortet werden:

- Was wollen Sie?

- Wie können Sie es bekommen?

- Wer kann es Ihnen geben?

- Welche Unterstützung benötigen Sie?

Wir klären nun Frage 1. Dafür eignen sich Berufsfindungstests, ich persönlich empfehle, noch tiefer zu gehen und einen Persönlichkeitstest zu machen. Die helfen nicht nur bei der Berufsfindung, sondern zeigen eine allgemeine Richtung. Berufsfindungstest suchen die möglichen Jobs vor allem im System und dort wiederum gerne in Branchen, wo großer Mangel herrscht. Sie sollen nicht zum Job passen, sondern die Tätigkeit soll zu *Ihnen* passen – das ist ein wesentlicher Unterschied! Wir Coaches, Psychologen und Trainer unterscheiden zwischen drei Formen des Gelderwerbs: Arbeit, Karriere und erfüllender Tätigkeit. Dabei ist Arbeit immer mit Arbeitsleid verbunden – kommt ja auch aus der Sklaverei, nur Sklaven arbeiten. Freie Menschen dagegen machen mindestens Karriere. Damit ist jetzt nicht Aufstieg und Beförderung gemeint, Sie können auch eine „stufenlose" Karriere absolvieren. Karriere bedeutet für uns, dass Sie einen Handel eingehen bzw. eine Investition tätigen, Sie nehmen negative Eigenschaften dieser Form des Gelderwerbs in Kauf und erhalten dafür einen Ausgleich. (Bei Arbeit erhalten Sie keinen Ausgleich, dort überwiegt das negative, sonst wäre es nicht mit Leid verbunden.) Man kann auch sagen, im Fall einer Karriere sind Sie extrinsisch[5]

---

5   Durch äußere Reize, meistens Geld

motiviert. Die Krönung ist eine erfüllende Tätigkeit. Hierbei handelt es sich um eine Tätigkeit, welche Sie auch dann ausführen würden, wenn Sie kein Geld benötigen würden – z. B. weil Sie ein Depot mit Dividendenaktien besitzen und pro Jahr nach Steuern 40.000,– EUR an Dividenden kassieren. Sie sind intrinsisch motiviert, Sie wollen diese Tätigkeit ausführen, weil Sie Ihnen einen Mehrwert bietet, Sie spüren es in Ihrem Herzen. Das kann die Hebamme sein, die sich am Ende des Tages über die neuen Leben freut, welchen Sie bei der Geburt beistand, oder der Schreiner, welcher ein Möbelstück vollendete. Wann haben Sie das letzte Mal die Zeit vergessen, wo passiert Ihnen das häufiger? Mir passiert es beim Schreiben, wenn ich mich mit meiner Lektüre auseinandersetze und meine Gedanken formulieren muss.

Die eigentliche Frage lautet also: „Wer sind Sie?", und dann erst: „Was passt zu Ihnen bzw. was wollen Sie?"

Besuchen Sie dafür eine der folgenden Seiten und führen Sie einen Test durch. Analysieren Sie das Ergebnis.

Persönlichkeitstests:

https://www.123test.de/Persönlichkeitstest

https://www.16personalities.com/de/kostenloser -personlichkeitstest

http://charaktertest.net/persoenlichkeitstest

Berufsfindungstests:

https://www.123test.de/Berufstest/

http://www.berufsfindungstest.eu/ (hier gibt es eine kostenlose Variante und eine Vertiefung für 15,– EUR, welche nicht zwangsweise notwendig ist)

3. Das Mindset

3.1 1200,– Euro verdient oder erharzt: was nehmen Sie? – Von der selbst verschuldeten Unmündigkeit

Denken Sie mal kurz über die Frage nach, was würden Sie nehmen?

Viele Menschen würden das ALG II nehmen, wenn der Arbeitslohn die gleiche Höhe wie die Leistung vom Staat hat, oder halt nicht viel mehr Lohn rumkommt bei einer Vollzeitstelle.

Da steckt ein wesentlicher Denkfehler drin. Ich meine jetzt nicht einmal die moralische Keule „wer arbeiten kann, muss auch arbeiten gehen", sondern den Glauben – jeder Euro sei gleich.

Wenn Sie 1200,– EUR erhartzen, also als Leistung beziehen, sorgt der Staat für Ihren

Lebensunterhalt. Dafür sind Sie Rechenschaft schuldig, Sie müssen alle Einkünfte offenlegen. Sparen ist nicht wirklich möglich, zum einen, weil es zu wenig Geld ist, zum anderen, weil Sie Vermögen weitestgehend verbrauchen müssen.

Mit selbst verdienten Geld sind Sie keine Rechenschaft schuldig, Sie dürfen sparen, sofern Sie können. Und glauben Sie mir eins: Sie können immer sparen, und wenn es nur fünf Euro pro Monat sind, am Anfang. Fünf Euro mal zwölf Monate ergibt 60,– Euro, das ist der Sockelbetrag für eine Riester-Versicherung, also der Mindesteigenanteil, unter dem es keine Zulage gibt. Das kann schon reichen, darauf gehen wir später ein.

Außerdem fühlt sich ein verdienter Euro einfach besser an. Sie haben ihn nicht beim Staat erbetteln müssen und als Almosen erhalten, sondern Sie haben eine Leistung erbracht und dafür eine Gegenleistung in Form von Geld erhalten. Diese Gutschrift auf dem Konto sagt zu Ihnen: „Du bist nützlich!"

An dieser Stelle möchte ich einmal etwas „spirituell" werden. Ich bin der festen Überzeugung, dass jeder Mensch, jedes Lebewesen auf dieser Welt, eine Aufgabe hat, also „nützlich" ist. Das Universum, Gott, die Evolution, Mutter Natur oder meinetwegen auch der Lebensstrom hätte ansonsten die Existenz dieses Lebewesens nicht zugelassen. Es mag sein, dass die einen mehr Talente, Möglichkeiten und Ressourcen haben als andere, aber niemand kommt mit „0" auf die Welt. Und wenn es nur eins ist, dann finde es und führe es aus!

3.2 Falls Sie Sozialhilfeempfänger und gesundheitlich angeschlagen sind

Falls Sie nicht länger als 15 Stunden pro Woche arbeiten können, weil Ihre Gesundheit dann nicht mehr mitmacht, gelten Sie in Deutschland als erwerbsunfähig. Falls Sie allerdings 20 oder 30 Stunden pro Woche arbeiten können, gelten Sie als voll erwerbsfähig, auch wenn dies für Sie individuell jeweils die maximale Arbeitsbelastung darstellt. Im ersten Fall haben Sie keinen Stress mehr bei der Arbeitssuche, im zweiten Fall wird Sie das Amt immer mal wieder darauf hinweisen, sich endliche eine Vollzeitstelle zu suchen. Es gibt in Deutschland keine „eingeschränkte Erwerbsun-fähigkeit", nur ganz oder gar nicht.

Aus dieser misslichen Lage ergibt sich der Zwang zu Kreativität und Flexibilität. Überlegen Sie sich, was genau bei Ihnen das Problem verursacht. Gibt es vielleicht Tätigkeiten, bei denen Sie pro Tag noch zwei bis fünf Stunden länger durchhalten? Könnten Sie im Homeoffice arbeiten, wo Sie jederzeit eine Pause machen können und nicht bis zu acht Stunden am Stück arbeiten müssen? Könnten Sie auch samstags arbeiten, dadurch Wochenarbeitszeit mehr verteilen und die tägliche Belastung reduzieren? Haben Sie Freude an kreativen Tätigkeiten wie Schreiben oder Malen – Bestseller und hohe Preise für Bilder lassen sich nicht erzwingen, aber es ist einfacher als Sie glauben, einen Gewinn zu erzielen. Alleine davon leben können nur wenige, das soll auch nicht das Ziel sein.

Ergeben Sie sich nicht dem Schicksal. Es gibt keine Grenzen in diesem Universum, alle Grenzen hat der Mensch im Kopf oder irgendwo gesetzt, sie lassen sich verschieben. Schauen Sie nicht auf das, was Ihnen nicht liegt oder was Sie nicht können, schauen Sie auf das, was Sie können (im Sinne von „wissen" und „die Möglichkeit haben") und was Ihnen liegt. Seien Sie lösungsorientiert, es fühlt sich besser an.

Falls Sie der Meinung sind, als gehandicapter Mensch nichts auf die Reihe bringen zu können, hier ein paar Gegenbeispiele:

- Stephen Hawkings

- John Nash

- Michael J. Fox

- Andrea Bocelli

- Stevie Wonder

Außerdem beweisen bei den Paralympischen Spielen immer wieder behinderte Menschen, dass auch Sie zu außergewöhnlichen Leistungen fähig sind. Vergleichen Sie sich nicht mit Gesunden, holen Sie das Beste aus *sich* heraus, das alleine ist der Maßstab.

3.3 Glaubenssätze und Sozialneid: Die da oben ...

3.3.1 ... haben viel mehr Geld – Status kann (und muss) man sich verdienen

Sich zu vergleichen ist grundsätzlich Mist. Der Mensch neigt dazu, sich auf Unterschiede zu fokussieren. Dazu zählt er dann die anscheinenden Mängel bei sich auf – das zieht ihn runter. Wenn Sie sich schon unbedingt vergleichen müssen, dann suchen Sie sich Vorbilder und schauen Sie sich etwas von denen ab.

Bei einem Persönlichkeitstest stellte sich für mich heraus, dass ich ein sogenannter „Advokat" bin. Dass ich die Konstellation INFJ als Persönlichkeit habe, wusste ich bereits aus einem Seminar während meines Studiums. Ich wusste allerdings nicht, dass weniger als 1 % der

Menschen diese Persönlichkeit haben, also über 99 % der Menschen anders ticken als ich. Mein ab und zu auftauchender Gedanke „Sind die bescheuert oder bin ich das" bekam somit eine Erklärung. Ich habe mich auch mal mit anderen Menschen verglichen und wurde dadurch frustriert, besonders da ich mich häufig mit „Nicht-Advokaten" verglichen habe. Großer Fehler! Jetzt sind meine Vorbilder nur noch selbst Advokaten, da habe ich genug Biografien zu lesen.

Warum erzähle ich Ihnen das? Bei mir ist es durch diese ganz spezielle Persönlichkeit natürlich besonders zugespitzt, aber für Sie gilt auch bei weiter verbreiteten Persönlichkeitsstrukturen: Vergleichen Sie sich nicht mit Menschen, welche andere Ziele und Bedürfnisse haben! Es führt Sie in die falsche Richtung. Jeder Mensch braucht Vorbilder, es müssen aber die richtigen sein, sie müssen zu Ihnen passen.

Wenn Sie passende Vorbilder gefunden haben, schauen Sie sich ab, wie diese Menschen mit Schwierigkeiten umgegangen sind. Jeder Mensch hat mit Problemen zu kämpfen, die Problemlösekompetenzen, die Lösungswege dieser Menschen sollten Sie besonders interessieren. Reiche Menschen haben genauso oft Sorgen wie arme Menschen; während Arme sich fragen, wie sie an Geld kommen, fragen sich Reiche, wie sie ihr Geld zumindest behalten. Das klingt erst mal ein wenig zynisch und nach einem Luxusproblem, aus einer gewissen Perspektive unterscheidet sich jedoch nur die Ausgangslage. Der Arme muss Geld verdienen, um reich oder zumindest wohlhabend zu *werden*; der Reiche muss Geld verdienen, um reich zu *bleiben*.

Der Unterschied ist vor allem, der Reiche *weiß wie es geht – und er setzt es um*. Kommen Sie ins Handeln!

3.3.2 ... haben viel mehr Möglichkeiten – von der Notwendigkeit der Bildung

„Die Eliten haben viel mehr Möglichkeiten. Da kann der kleine Mann nicht mithalten etc.". Für Ihre Situation sind „die da oben" nicht verantwortlich, dafür sind Sie, ganz alleine Sie verantwortlich. Sie können nichts daran ändern, mit welchem sozialen Status Sie geboren werden, aber Sie haben es in der Hand, weiter nach oben zu kommen. Reiche Menschen haben mehr Ressourcen, die wichtigsten davon sind jedoch Wissen und Kontakte, nicht das Geld. Einen wirklich reichen Menschen können Sie das Geld komplett wegnehmen, nach drei Jahren ist er wieder reich – weil er weiß wie es geht, sich das zutraut und weil er weiß, wen er was wann fragen muss!

Wenn Sie eine geniale Geschäftsidee haben, über das geistige Know-how verfügen und Ihnen nur das Geld fehlt, dann brauchen Sie halt Investoren und/oder Kreditgeber. Man muss nicht sofort in die *Höhle der Löwen* gehen, es gibt auch andere Investoren für Start-ups. Existenzgründung soll hier nicht das Thema sein, es geht um das Mindset, die Einstellung, den Glauben. Reiche Menschen sind reich an Glauben an sich, ihre Fähigkeiten und ihr Umfeld – das müssen Sie sich abkupfern. Denken Sie immer daran: Wenn Sie etwas wirklich wollen, wenn Sie die Motivation dahinter verstehen, wenn Sie die Ausdauer für das Projekt und die Widerstandskraft gegen Störfeuer haben – dann schaffen sie es auch!

3.3.3 German Angst

Vermutlich aufgrund der geschichtlichen Hintergründe (Weltkriege, Wirtschaftskrisen, Urtrauma 30-jähriger Krieg etc.) sind wir in Deutschland übervorsichtig, hadern mit Wandel und gehen lieber auf Sicherheit als Chancen zu nutzen. Die ideale Altersabsicherung besteht aus Rente, Lebensversicherung und Eigenheim; Aktien gelten oft als Teufelszeug, Aktionäre seien Kapitalisten, welche andere Menschen ausbeuten.

„Die Welt ist schlecht", für den gemeinen Deutschen ist dies ein Faktum. Was er nicht kennt, das isst er nicht; deutsch sind nur Menschen mit deutsch klingenden Vornamen und passender Hautfarbe. Allen anderen begegnet der Deutsche mit Angst, manchmal fühlt er sich dann unter Druck gesetzt und sein Verhalten artet in Rassismus und Antisemitismus aus. Dieses Verhalten resultiert meines Ermessens nach auch aus einer schlechten Bildung. Der deutsche Staat gibt zu viel Geld für Sozialleistungen aus, dafür viel zu wenig für seine Kernkompetenzen Sicherheit und Bildung. Dadurch nehmen zur Zeit die Privatschulen zu, bei welchen die Investitionen in Bildung weit besser laufen als bei staatlichen Einrichtungen. Gute Bildung verkommt in Deutschland immer mehr zu einem Luxusgut, dies zementiert die gesellschaftlich verwurzelte Angst in den Köpfen noch mehr. Außerdem geht die gesellschaftliche Schere noch weiter auseinander, weil immer weniger Menschen lernen, wie sie mehr aus sich machen können.

Warum ist diese Angst so negativ? „Vorsicht ist die Mutter der Porzellankiste" klingt doch vernünftig.

- Provisionen für Versicherungen schmälern den Ertrag der Anlagen, die geringe Rendite führt im Alter zu einer geringen Kapitalrente.

- Die Deutschen verlassen sich zu sehr auf den Staat und handeln selbst zu wenig, sie reagieren nur noch und liefern sich der Zukunft aus.

- Wer nur auf Unglück wartet, verpasst den schönen Moment.

- Um der Armut zu entgehen, schuften die Deutschen. Sie arbeiten sich kaputt, in Kur zu gehen ist ein Statussymbol. Als Konsequenz beißen sie im Alter frühzeitig ins Gras, haben also zeitlich viel zu wenig von einer viel zu geringen Rente.

- Wer zögert, verpasst Chancen.

Jetzt könnte man den Politikern Vorwürfe machen, dass sie schlecht regieren, nicht weitsichtig genug sind etc. Es wäre schön, wenn Politiker vernünftig und nachhaltig handeln würden, aber dann werden sie nicht wiedergewählt. Vernünftige und nachhaltige Politik tut weh, was man an der Agenda 2010 sieht. Das hat die SPD gebrochen, vor allem weil die Partei zu wenig erklärt hat und zu wenig dazu steht. Und weil es kein Paralleluniversum gibt, in welches wir rüberschauen können, um zu sehen, wie es ohne die Agenda 2010 aussehen würde. Man könnte es mit einem Szenario modellieren, dann kommen jedoch sofort Sprüche wie „Traue keiner Statistik, die du nicht selbst gefälscht hast", also lassen wir es.

Der Deutsche schaut nicht nach oben, was er erreichen könnte – nein, was er erreichen *kann*. Seine ihm offen stehenden Möglichkeiten sind ihm häufig suspekt, er hat lieber Angst vorm Fallen und schaut nach unten. Deswegen haben wir in Deutschland eine kleine Gründerszene, deswegen sind nur 10 % Selbstständige oder Unternehmer. Deswegen schreiben Menschen in Deutschland Bewerbungen und *warten* dann auf eine Antwort, welche meistens gar nicht mehr kommt, da dies dem angeschriebenen Unternehmen Kosten in Form von Zeit und Geld verursacht.

Bildung und Erziehung verursachen bei uns eine zu große Passivität. Um erfolgreich zu sein, muss diese Passivität überwunden werden.

Der Deutsche wartet gerne auf Godot[6], und das auch am liebsten in schlechter Stimmung. Dies sind direkt zwei Fehler:

- warten statt handeln

- das Schlechte erwarten, anstatt Chancen zu nutzen

Handeln sowie Chancen nutzen bedeutet agieren. Das wird uns in der Schule nicht beigebracht. In der Schule sollen Sie zuhören und aufnehmen, was man Ihnen sagt. Sie lernen, Schritt für Schritt vorwärtszugehen, strukturiert zu denken. Systemdenken und ganzheitliche Ansätze fehlen leider.

---

6   Samuel Beckett: ‚Warten auf Godot', Theaterstück in zwei Akten. Godot erscheint dort nie, es wird nur über ihn gesprochen.

Setzen Sie sich kleine Ziele und genießen Sie die Erfolge, später werden die Ziele größer und die Effekte Ihrer Erfolge ebenfalls. So wächst ihr Selbstvertrauen, welches die Angst mit der Zeit verdrängt. Mit optimistischen Blick in die Zukunft fällt das Leben leichter.

3.3.4 ... aber bei mir ist alles anders – Vom eisernen Willen, die Situation zu verbessern

Jeder Mensch bewegt sich. Entweder durch Tun, oder durch Unterlassen.

Die Zeit bewegt sich immer weiter, Wissen veraltet gerade in unserer schnelllebigen Zeit besonders rasch. Dadurch bedeutet Stagnation zwangsläufig Rückschritt und Rückschritt geht immer in die falsche Richtung. Nur durch *aktives Handeln* können Sie die richtige Richtung bestimmen, einschlagen und dann einhalten. Den richtigen Kurs ermitteln, setzen und halten, das bringt Sie weiter.

Das sind allgemeingültige Sätze, die gelten auch für Ihre spezielle Situation. „Aber, ..., und außerdem ..., mimimi", höre ich Sie jetzt sagen. Das kenne ich, es ist die Angst vor Veränderung, sie ist bei uns besonders stark ausgeprägt, Sie sind nicht alleine mit diesem Gefühl. Akzeptieren Sie dieses Gefühl, es will Sie vor Überforderung schützen. Nochmals, fangen Sie *klein* an, in solchen Schritten, dass es Sie nicht überfordert. Ich halte die Motivation, da *hin* zu wollen, wo man glücklich ist, für die beste. Falls Sie jedoch momentan einfach keine Vision von einer besseren Situation entwickeln können, nutzen Sie die *Weg-von-hier*-Motivation. Denken Sie daran, wenn Sie so weiter machen wie bisher, landen Sie sicher in der Altersarmut.

3.3.5 Übung: Glaubenssätze

O Was Hänschen nicht lernt, lernt Hans nimmermehr.

O Da bin ich zu alt für.

O Um meine Situation zu verbessern, müsste ich im Lotto gewinnen.

O An mir klebt der Stempel der Armut.

O Armut ist gut und ehrlich, Reichtum gefährlich.

O Einen alten Baum verpflanzt man nicht.

O Glück ist mit den Tüchtigen.

O Der Platz wo du reingeboren wirst, ist der Platz, wo du hingehörst.

O Jeder bekommt, was er verdient.

O Ich verdiene, was ich bekomme

O   I am the greatest![7]

O   Neid ist die höchste Form der Anerkennung.

O   Alle Menschen sind gleich.

O   Einige Menschen sind gleicher.

O   Es ist einfach zu spät.

O   Du musst zum elitären Kreis gehören, um wer zu sein.

O   Als „Normalo" bist du nix.

O   Leistung lohnt sich nicht.

O   Ich bin zu schwach um ...

O   Geld stinkt nicht.

O   Nach dem Tod wird alles besser, dann geht's ab in den Himmel.

---

7   Gewidmet dem liebenswertesten Großmaul aller Zeiten, dem Boxer Mohammed Ali

O   Wo ein Wille ist, ist auch ein Weg.

O   Das mach ich morgen.

O   Keiner liebt mich.

O   Der Zug ist abgefahren.

O   Ich bin nutzlos.

O   Möglichkeiten sind überall, man muss sie nur nutzen.

O   Was man nicht kann, kann man lernen.

O   Saufen ist Urlaub im Kopf.

O   Die hier unten sind für die da oben uninteressant.

O   Geld verdirbt den Charakter.

O   Selig sind die Dummen.

O   Du musst ein Schwein sein, um Erfolg zu haben.

O   Ohne Moos nix los.

O Wer reich ist, hat Angst um sein Geld.

O Das schaffe ich nur mit ganz viel Glück.

O Das Ziel Erfolg ist eine Kreuzpeilung aus
   s*avoir*[8] und *pouvoir*[9].

O Glück geht zu den anderen.

O Weiter, weiter, weiter!

O Wenn mich jemand lobt, ist er
   scheißfreundlich.

O Sorgen schützen vor Enttäuschung.

O Ich hab' meine Platte, ich hab' mein Bier, ist
   doch eigentlich ganz schön hier – so grau in
   grau, so Ton in Ton, wunderschön wie ich
   hier wohn'.

---

8 Frz., „können" im Sinne von wissen wie es geht

9 Frz., „können" im Sinne von „die Möglichkeit
dazu haben"

Einige dieser Sprüche werden Sie kennen, vermutlich kreisen die oft genug in Ihrem Kopf herum. Die müssen da raus. Warum? Weil diese Glaubenssätze der Grund für Ihre Passivität sind, diese Gedanken sind der Klebstoff, welcher Sie in der Armut hält.

Schauen Sie sich die Glaubenssätze an. Die meisten sind absolut negativ, einige sind zweischneidig und andere positiv. Notieren Sie sich die positiven Sätze.

Um die negativen Glaubenssätze zu beseitigen, gibt es mehrere Methoden, welche Sie auch alle einsetzen sollten:

1. Ersetzen Sie die negativen Gedanken durch eine positive Vision. Denken Sie jeden Tag öfters an das, wo Sie hinwollen, entwickeln Sie ein Bild, besser einen mentalen Kurzfilm über Ihr

zukünftiges gutes Leben. (Substitution/ Motivation)

2. Erstellen Sie ein Papier mit Zielen, welche Sie erreichen wollen und können. Während die Vision abstrakt und nebulös wirkt, sollen die Ziele operativ umsetzbar sein. Erstellen Sie einen Plan, setzen Sie ihn um. Jeden Tag kommen sie so weiter nach vorne. (Planung/ Erfolgskontrolle)

3. Notieren Sie sich ihre Erfolge in einem Buch, größere Schritte wie Zertifikate oder Urkunden hängen Sie sich an die Wand. Der Mensch verdrängt seine Erfolge gerne, Sie müssen diese oft genug würdigen, um Ihren Fortschritt zu spüren. (Believe/ Glaube)

3.3.6 Übung: Glaubenssätze überprüfen

Sie haben nicht nur einen Glaubenssatz, sie haben einige im Kopf. Die hat jeder; Sie, ich und die anderen. Schauen Sie sich die Glaubenssätze auf den vorherigen Seiten an.

- Welche davon kennen Sie? Wenn Ihnen zusätzliche Glaubenssätze einfallen, notieren Sie diese bitte auf einem Blatt.

- Schauen Sie sich die Glaubenssätze von Ihnen und im Buch an. Welche davon sind gut, welche ambivalent (zweischneidig)?

- Betrachten Sie ihren Kader an Glaubenssätzen. Stellen Sie sich vor, Sie sollten als Trainer eine Mannschaft aufstellen. Wie sieht ihre Mannschaft derzeit aus?

- Analysieren Sie Ihre „Spieler". Welche Glaubenssätze sollten Sie austauschen, damit sie ihr Spiel (also ihr Leben) vorwärtsbringen? Wen sollten Sie aus dem Kader schmeißen, am besten mit sofortiger Freistellung vom Training?

Sollten Ihre Glaubenssätze zu negativ sein und ihr Selbstbewusstsein extrem angreifen, benötigen Sie unter Umständen professionelle Unterstützung durch einen Therapeuten. Holen Sie sich Hilfe, es ist keine Schande. Zu starke Glaubenssätze negativer Ausprägung werden Sie immer wieder in den Dreck ziehen, und dass nicht nur im Kopf, sondern auch materiell.

3.4 Konsequenzen

Für den Fall, dass Sie die Konsequenzen der falschen Glaubenssätze noch nicht verstanden haben, sage ich es Ihnen noch einmal ganz deutlich:

- Auch wenn die Voraussetzungen bei allen Menschen unterschiedlich sind, sind Sie, nur *Sie* alleine für den Erfolg Ihres Lebens verantwortlich.

- Erfolg ist etwas ganz persönliches. Nur Sie kennen Ihre wahren Ziele, nur Sie wissen was Sie wirklich brauchen. Folgen Sie nicht den Zielen anderer, wenn es nicht Ihre eigenen sind.

- Erfolg ist eine Lebenseinstellung, ein Weg welcher niemals endet. Daher kommen Sie auch niemals endgültig an, sondern setzen sich immer wieder neue Ziele.

4. Der Werkzeugkasten

4.1 Ihr Körper ist Ihr Kapital

Die ersten Schritte raus aus der Armut sind Maloche. Einfache körperliche Arbeit, Sie tauschen Zeit gegen Geld. Da Sie am Anfang wahrscheinlich unqualifizierte Tätigkeiten verrichten, werden Sie auch nur den tariflichen Mindestlohn erhalten. Dementsprechend müssen Sie mehr Stunden arbeiten, um viel Geld zu erhalten. Dazu müssen Sie fit sein, auch um sich fortbilden zu können und später einen höheren Stundenlohn zu erhalten. Ihr Körper ist ihr Kapital, achten sie auf Ihre Gesundheit, regelmäßige Erholungszeiten und vermeiden Sie Substanzmissbrauch.

Um es einmal ganz klar zu sagen, sollten sie von folgenden Punkten vier erfüllen:

- keinen Sport treiben

- rauchen, trinken oder andere Substanzen konsumieren

- zu wenig Obst und Gemüse essen, dafür zu fettig

- stark übergewichtig sein

- an Bluthochdruck und/oder Diabetes leiden

Machen Sie sich keine Sorgen um die Rente. Sie müssen auch keine Rücklagen fürs Alter bilden.

Sie werden vor Eintritt in die Rente sterben!

Das ist statistisch belegt. Niedriglöhner haben eine um ca. zehn Jahre kürzere Lebenserwartung als gut ausgebildete Menschen. Sorgen haben alle, aber vor allem Arme haben die falschen

Verarbeitungsstrategien. Dies führt zum vorzeitigen Ableben.

Daher hier nochmals die dringende Empfelung: verarbeiten Sie Stress mit Entspannungsmethoden, Sport oder Spaziergängen. Ernähren Sie sich gesund und abwechslungsreich. Fressen sie Probleme nicht in sich hinein, sondern reden Sie darüber. Das alles erhöht Ihre Lebensqualität und verlängert Ihr Leben auch.

4.2 Arbeitsfähigkeit, Praktikum, Bundesfreiwilligendienst

Das größte Hindernis für Langzeitarbeitslose, um eine Stelle zu erhalten, ist die Langzeitarbeitslosigkeit. Die lange Abwesenheit vom Arbeitsmarkt führt bei ungewollter Untätigkeit zu Verwahrlosung und verringerter Belastbarkeit. Die grundlegenden Fähigkeiten, welche für eine Arbeitsstelle nötig sind, bauen ab. Dies erkennen die Personaler am Lebenslauf, dementsprechend ist es wichtig, eine regelmäßige Tätigkeit aufzunehmen. Dies können Praktika in interessanten Berufen sein (was auch als Erstkontakt für eine feste Stelle dienen kann), im Sozial- und Gesundheitssektor bieten sich auch das FSJ[10] und der Bundesfreiwilligendienst an.

---

10 Freiwilliges Soziales Jahr, ein Programm für Schüler, welche nicht sofort eine Ausbildung beginnen wollen.

Wichtig hierbei ist, dass im BFD/FSJ dann wirklich Pflegetätigkeiten verrichtet werden müssen, sofern es sich um einen Einstieg in Pflegeberufe handeln soll. Firmen sind gesetzlich dazu verpflichtet, nur angelerntes Pflegepersonal einzustellen. Sie sollten bei einer Bewerbung im Pflegesektor mindestens vier Wochen Praktikum, besser mehrere Monate Erfahrung vorweisen können. Bei Langzeit-arbeitslosigkeit wird das Jobcenter Ihnen mindestens sechs Monate gewähren, besser ein Jahr (eventuell können Sie Schreiben von Ihrem Therapeuten einreichen, welches Ihr Bedürfnis untermauert – sofern Sie in Behandlung sind). Wenn Ihnen die Tätigkeit liegt, suchen Sie in den letzten drei Monaten nach einer Stelle. Lassen Sie sich bei Bedarf bei der Erstellung der Unterlagen unterstützen.

4.3 Motivation: Vom Warum zum Wie

„Wie komme ich aus Hartz IV raus?", ist eine beliebte Frage im Niedriglohnsektor. Ich stelle vorher eine andere Frage: *„Warum* wollen Sie aus Hartz IV raus?"

Jetzt müssen gute und nachhaltige Gründe kommen. Sie benötigen Druck, Sie benötigen Punch, nicht nur heute, sondern die nächsten Monate, eventuell auch Jahre. Es ist so anstrengend wie eine Existenzgründung als Selbstständiger, nur auf einem anderen Niveau. Während Selbstständige und Unternehmer vom Gewinn leben können müssen, also ohne regelmäßiges Gehalt, müssen Sie lernen, ohne Sozialtransfers auszukommen. Das ist eine gewaltige Umstellung, das Gehalt ist am Ende die einzige Lebensgrundlage. Es ist am Ende alles von Ihnen abhängig, Sie sind vollkommen für Ihr Leben *verantwortlich*.

Das müssen Sie erst einmal können und wollen. Auch wenn die Existenzsicherung gering ist, geben Sozialleistungen ein Gefühl der Sicherheit. Sicherheit macht bequem. Die Macht der Gewohnheit ist einer der größten Störfaktoren beim sozialen Aufstieg.

In der Motivation unterscheiden wir zwei verschiedene Motive, das *Raus-* und das *Hin-Motiv*. Das Raus-Motiv ist schmerzorientiert, eine Situation wächst Ihnen über den Kopf, Sie wollen nur noch weg. Klassischer Fall ist die Arbeit mit einem cholerischen Chef oder Mobbing am Arbeitsplatz. Der Wunsch zur Veränderung entsteht durch Druck von außen, daher ist dieser nicht nachhaltig. Sollte sich die Situation verbessern, lässt der Druck nach und sie arrangieren sich mit dem Elend. Denken Sie daran, der Mensch kann sich an alles Erträgliche gewöhnen.

Deswegen ist die zweite Motivation, die Hin-Motivation, nachhaltiger und wichtiger. Während Sie bei der Raus-Motivation einfach nur wegwollen, haben Sie in diesem Fall ein konkretes Ziel, welches Sie anzieht. Die Richtung ist also vorgegeben. Diese Motivation ist unabhängig von Ihrer derzeitigen Lage, sie ist wachstumsorientiert und an Ihre Vision vom Leben gekoppelt. Diese Methode sollten Sie mithilfe einer Visualisierung täglich nutzen.

Entwickeln Sie einen Traum davon, wo Sie hin wollen. Schreiben Sie diese Vision so konkret wie möglich auf. Lesen Sie diesen Zettel jeden Tag durch, und zwar laut. Am besten erstellen sie eine Bildcollage mit Motiven ihres zukünftigen Lebens. Eine Sache ist elementar: bei der Vision gibt es keinen Größenwahn! Es sollte sich nicht unbedingt um die Weltherrschaft handeln, da werden andere was gegen haben. Aber alles, was die Freiheit anderer Menschen nicht einschränkt oder gegen Gesetze verstößt, ist in dieser Phase erlaubt.

Ihr Gehirn ist nicht in der Lage, zwischen Visionen und Realität in der Vorstellung zu unterscheiden. Das, was sein soll, lassen wir daher in Ihrem Kopf bereits Realität werden. Jetzt, in diesem Moment, in der Gegenwart. Schreiben Sie in der Gegenwartsform; sollten Sie das Futur benutzen, wird es nicht passieren. Ihr Gehirn ist sehr penibel bei der Analyse Ihrer Wortwahl. Wenn Sie wohlhabend *werden* wollen, wollen Sie es nicht *sein*. Sie verlagern mit dieser Formulierung den Wohlstand immer in die Zukunft, und zwar in eine Zukunft, welche die Gegenwart nie erreicht.

Die Collage ist wichtig, da das Gehirn vor allem auf bildhafte Reize besonders gut reagiert. Texte sind immer etwas abstrakt, deswegen sollen Sie Ihre Vision auch laut vorlesen. Brennen Sie Ihre Wünsche in Ihr Gehirn ein, jeden Morgen nach dem Aufstehen und abends vor dem Einschlafen. Morgens sind Sie noch nicht abgelenkt, und die Vision vor dem Einschlafen wird während Ihres Schlafs weiter verarbeitet. Jetzt kann Ihr Gehirn besonders kreativ arbeiten und Lösungswege entwickeln, wie Sie Ihre Ziele erreichen können. Mit einem festen *Warum* kommt das *Wie* automatisch.

Sie können sich bei Bedarf auch eine Negativ-Liste schreiben: Was passiert, wenn sich nichts ändert? Welche Konsequenzen ergeben sich für Sie jetzt, im Alter? Welche Konsequenzen hat das Verweilen in Hartz IV für Ihre Kinder? Spätestens mit diesen Überlegungen sollten Sie genug Motivation finden, um sich ordentlich anzustrengen und Hartz IV zu verlassen.

Sollten Sie hier dennoch Probleme haben, empfehle ich an dieser Stelle das Hören von Motivationspodcasts. Im Literaturverzeichnis findet sich eine Auswahl, welche ich häufig konsumiere und welche daher auch dieses Buch positiv beeinflusst haben. Zum einen inhaltlich, zum anderen hat es mich auch erst zum Schreiben gebracht.

4.5 Struktur und Erfolgskontrolle im Alltag

Legen sie To-do-Listen an, jeden Abend für den nächsten Tag. Verplanen Sie dabei niemals mehr als 60 % Ihrer Zeit, es kommt immer etwas dazwischen. Wie viele Ziele Sie sich setzen sollten, hängt von Ihrem Selbstbewusstsein ab. Drei Tagesziele sind das Minimum, die sollten Sie erreichen. Mehr als zehn schaffen Sie nicht, außer es handelt sich um sehr kleine Ziele. Falls es zu Ihrer Persönlichkeit passt, können Sie mehr Ziele formulieren, als Sie tatsächlich schaffen. Den einen motiviert diese Technik, den anderen frustriert sie. Bringen Sie Ihre Tätigkeiten in eine Reihenfolge, die wichtigste und wahrscheinlich unangenehmste Aufgabe erledigen Sie jeden Tag als *erste*. Von der Motivation zum Handeln, vom Handeln zum

Erfolg, vom Erfolg zurück zur Motivation – so ergibt sich ein Engelskreis[11].

Schreiben sie ein Erfolgstagebuch. Jeden Abend notieren sie Ihre Fortschritte, halten Sie positive Ergebnisse und Erlebnisse schriftlich fest. Der Mensch neigt dazu, sich vor allem an negative Ereignisse zu erinnern – was weh tut, brennt sich ein. Dem müssen Sie positive Ereignisse entgegensetzen, um am Ball zu bleiben.

Und denken sie dran, es dauert mit dem Neustart. Nichts ändert sich groß von heute auf morgen, Sie machen kleine Schritte. Seien sie motiviert, aber setzen Sie sich auch nicht zu sehr unter Druck, das führt nur zur Frustration. „Nein" bedeutet, es nochmals zu probieren. Erlauben Sie sich zu scheitern, lernen sie daraus. Nur so entwickeln Sie sich weiter.

---

11   Gegenteil vom Teufelskreis, es ist alles positiv bedingt

4.6 Übung: Drei Ziele für jeweils drei Zeiträume – drei Monate, zwei Jahre, fünf Jahre

Arbeitsfähigkeit, Motivation und Einsatz sind wichtig. Wichtig ist auch, dies dauerhaft zu erhalten. Einsatz und Wille bringen Erfolg, aber nur Erfolg bringt auf Dauer auch Motivation und Einsatz. Sie bedingen sich gegenseitig. Eine lange Phase von wiederholtem Scheitern zu verkraften, verlangt Resilienz oder Enthusiasmus. An dieser Stelle wird gerne Thomas Edison zitiert, welcher der Legende nach 9999 mal an der Glühbirne scheiterte, bis sie endlich beim 10000sten Mal nicht durchbrannte. So viel Ausdauer hat nicht jeder, daher ist zwischenzeitlicher positiver Erfolg wichtig, um am Ball zu bleiben. Fehler müssen trotzdem begangen werden, denn nur aus diesen lernt man nachhaltig – bei vernünftiger Analyse ebendieser.

Um fokussiert hierbei vorzugehen, empfiehlt es sich, für drei Zeiträume Ziele zu stecken. Was können Sie in den nächsten drei Monaten schaffen, was in den nächsten zwei Jahren, was in fünf Jahren? Schreiben Sie sich für jeden Zeitraum drei Ziele auf. Diese Ziele müssen konkret formuliert, messbar und umsetzbar sein. Hier sind als Beispiel meine Ziele (Stand März 2019):

kurzfristig:

- dieses Buch veröffentlichen

- mein Unternehmen gründen

- die Arbeit auf Teilzeit reduzieren oder wechseln

mittelfristig:

- die Prüfung zum kleinen Heilpraktiker mit Beschränkung auf die Psychotherapie bestehen

- eine eigene Praxis mit den therapeutischen Angeboten „Atemtherapie, Mentaltraining, therapeutisches Schreiben, Gesprächstherapie nach Rogers und Kurzzeittherapie nach Shazer" eröffnen

- den Job kündigen und ganz von der Selbstständigkeit leben

langfristig:

- Englisch, Französisch, Italienisch, Spanisch und Portugiesisch fließend sprechen

- mit der Transsibirischen Eisenbahn nach Shanghai fahren

- mindestens zwei Monate pro Jahr in Frankreich leben

4.7 Tagesplan, Wochenplan und Monatsplan

Um solche Ziele zu erreichen, ist es förderlich, Zwischenziele einzuplanen. Dies dient der besseren Übersichtlichkeit, aber auch der Motivation – die kleinen Fortschritte werden messbar. Diese Zwischenziele werden unterteilt in Monatsziele, Wochenziele und Tagesziele. Tagesziele entsprechen hierbei der bereits erwähnten To-do-Liste, welche abends erstellt werden soll. Stellen Sie sich das Ganze wie einen Trainingsplan für einen Marathonlauf vor. Die Wochen- und Monatsziele müssen immer etwas größer sein als die Tagesziele, da es sich bei ebendiesen um die Schritte zu den Monatszielen handelt. Den Wochenplan nutzen Sie zudem, um ihre Termine zu organisieren. Wenn Sie viel unterwegs sind, können Sie die sonstigen

Aufgaben an diesem Tag hinten anstellen. Planen Sie genug Zeit für jeden Termin und jedes Ziel ein, fordern Sie sich mit einem guten Maß an Aufgaben, aber überfordern Sie sich nicht. Wenn Sie sich zuviel zumuten, sinkt Ihre Motivation, im schlimmsten Fall brechen Sie Ihren sozialen Aufstieg ab und sind noch frustrierter. Backen sie kleine Brötchen und denken Sie daran, immer ein Ziel nach dem anderen anzugehen. Wenn es fertig ist, geht es ans nächste. Fokussiertes arbeiten ist produktiver und führt zu schnelleren und qualitativ höherwertigen Ergebnissen.

4.8. Übung: Lesen bildet – Podcasts auch

Lesen Sie jede Woche ein Buch oder hören Sie ein Hörbuch. Beschränken Sie ihren Fernsehkonsum, besser noch Sie entsorgen den Flimmerkasten – die Kiste ist der ultimative Zeitfresser und verringert Ihre Konzentrationsfähigkeit. Sollten Sie gelernt haben, setzen Sie sich nicht zur Belonung oder in einer Lernpause vor die Glotze. Die Reiz-überflutung macht einen großen Teil ihrer Fortschritte zunichte, besser Sie gehen spazieren oder hören Musik.

Außerdem gibt es viele kostenlose Podcasts. Hier können Sie sich zu aktuellen Themen informieren. Sie können auch Motivationspodcasts hören, welche Sie bei der Erreichung Ihrer Ziele unterstützen. Suchen Sie sich einen aus und genießen Sie diesen einmal pro Woche, am besten zu einem festen Termin. Machen Sie ein festes Ritual daraus. Solange Sie keine Vollzeitstelle haben, sollten Sie ihre Zeit sinnvoll nutzen.

Stellen Sie sich Ihr Wissen wie einen Eisberg vor. Sie arbeiten mit dem, was an der Wasseroberfläche sichtbar ist. Stabilisiert wird der Eisberg jedoch durch 6/7 seiner Masse, welche sich unter Wasser befinden. Was ich damit sagen will: um sich sicher zu fühlen, müssen Sie immer mehr wissen und können, als Sie in Ihrer Lage benötigen. Das macht Sie flexibel und unabhängig, das stärkt Ihr Selbstvertrauen. Wenn Plan A nicht funktioniert, haben Sie so auch noch die Pläne B und C in der Tasche. Mit eingeschränkten Wissen wird das schwierig.

5. Der einfache Einstieg: Pflege, Putzen, Handwerk, Gastronomie und Wachdienst

Momentan gibt es auf dem Arbeitsmarkt einen Überschuss an offenen Stellen. Das liegt vor allem an der demographische Entwicklung, immer mehr Fachkräfte gehen in Rente, die niedrige Geburtenrate der vergangenen Jahre rächt sich jetzt.

Diese Situation können und sollten Sie ausnutzen. Die Zeit arbeitet für Sie, Arbeitgeber sind aufgrund dieser Situation dazu genötigt, Abstriche bei den Anforderungen zu machen, soweit diese für die Tätigkeit tolerierbar sind. Sie können daher schnell Helferjobs finden, aber mittelfristig ist eine Qualifikation für den sozialen Aufstieg unumgänglich.

5.1 Pflege

Hier sind besonders viele Stellen offen, gerade in der Altenpflege. Zum einen liegt es an der schlechten Bezahlung, zum anderen an der hohen Belastung. Die demografische Entwicklung sorgt in diesem Sektor nicht nur für den Fachkräftemangel, gleichzeitig müssen auch immer mehr alte Leute versorgt werden. Mittlerweile werden Fachkräfte aus anderen Ländern der EU angeworben und in ihrer Qualifikation (Deutschkurs) unterstützt, damit die nötigsten Stellen besetzt werden können. Außerdem ist der Verdienst als Kranken- und Gesundheitspfleger um ca. 30 % höher, die Krankenhäuser ziehen also Fachkräfte an. In diesem Bereich gibt es etliche Einstiegs-möglichkeiten und Ausbildungsgänge. Es gibt den einjährigen Ausbildungsgang zum Pflegehelfer, den zweijährigen Ausbildungsgang zum

Pflegeassistenten und die dreijährige Ausbildung zur Fachkraft (examinierter Altenpfleger/ Kranken- und Gesundheitspfleger). Die dreijährige Ausbildung wird ab 2020 umgestellt, von da an gibt es nur noch den Pflegefachmann, welcher entweder eine allgemeine Ausbildung durchläuft oder sich im dritten Jahr spezialisiert (Altenpflege/ Kinderpflege). Je nach angestrebter Ausbildung sind die Fördermöglichkeiten unterschiedlich. Den besten Verdienst haben Sie mit Abstand als Fachkraft. Meistens haben Fachkräfte eine Teilzeitstelle, zum einen, weil die Arbeit vor allem morgens verrichtet wird, zum anderen dient die erhöhte Freizeit der Erholung. Mit entsprechender Weiterbildung und Einsatzgebiet können Sie in diesem Bereich über 4000,- EUR brutto bei Vollzeit monatlich verdienen, da zahlen Sie ordentlich in die Rente ein und haben genug um sich ein Polster anzusparen.

Falls Sie als Fachkraft überfordert wären, z. B. weil Fachkräfte auch Führungsverantwortung haben, bleiben noch die Hilfstätigkeiten oder der Einstieg über ein Praktikum. Mit einem Praktikum von vier bis acht Wochen (je länger desto besser) oder einem Bundesfreiwilligendienst in der Pflegebranche (für eine Anrechnung müssen Sie wirklich pflegerisch aktiv sein) finden Sie auch als ungelernter z. B. über Personaldienstleister/Zeitarbeit gut bezahlte Stellen.

Sollten Sie arbeitssuchend sein, nutzen Sie den Bildungsgutschein des Arbeitsamts oder eine andere Förderung für eine Qualifikation. Die Bezahlung nach einem Praktikum kann passabel sein und Sie aus Hartz IV befreien, aber es reicht nicht für große Sprünge. Sie müssen sich schließlich auch noch vor Altersarmut schützen, da unser Staat in diesem Punkt schlicht versagt. Der größte Gehaltsunterschied liegt zwischen dem

Helfer ohne irgendeiner Ausbildung und dem einjährigen Ausbildungsgang. Zumindest den sollten sie absolvieren. Die neue Ausbildung zum Pflegefachmann ist übrigens so konzipiert, dass vormals absolvierte kürzere Ausbildungen in der Pflege angerechnet werden. In dieser Branche ist derzeit ein so großer Bedarf, es gibt etliche Förderprogramme.

Sollten Sie aus gesundheitlichen Gründen nicht in der Lage sein, die auch mal körperlich anstrengende Tätigkeit zu verrichten, dann gibt es noch die Möglichkeit des Alltagsbegleiters[12]. Begleiter und Betreuer helfen Senioren bei der Erledigung von Alltagsgeschäften, gehen mit denen spazieren, einkaufen, helfen im Haushalt etc. Die Qualifizierung kann innerhalb von drei Monaten erworben werden, die Vergütung ist

---

12   Betreuungskraft gemäß §§ 43b, 53c SGB XI

jedoch katastrophal. Es ist ein sehr befriedigender Job, mit Pflege haben Sie weniger zu tun, allerdings benötigen sie weitere Einkommensquellen, um aus der Armutsfalle zu kommen.

5.2 Reinigungsdienst

Diese Branche hat einen schlechten Ruf, es gibt nur wenige Leute, die stolz sind auf ihre Tätigkeit in diesem Gewerbe. Dazu müssen Sie wissen, je nach Einsatzort kann es sehr verantwortungsvoll sein, vor allem in Krankenhäusern. Die Bezahlung hängt von der Qualifikation ab und vom Einsatzort. Putztätigkeiten in Privathaushalten werden schlechter bezahlt als im Gewerbe, außerdem ist der Anteil der Schwarzarbeit hier besonders hoch. Es gibt in dieser Branche eine Ausbildung zur Reinigungsfachkraft, damit ist ein Stundenlohn um die 14,– EUR möglich. Außerdem können Sie sich später zum Meister fortbilden und so besonders gut bezahlte Tätigkeiten übernehmen oder sich selbstständig machen.

Einige Einsatzgebiete erfordern besondere Fähigkeiten bzw. ein „dickes Fell". Ein

Fensterputzer sollte schwindelfrei und höhentauglich sein, wenn er am Hochhaus im Außenlift arbeitet. Ein Tatortreiniger darf die Geschichten des Hauses nicht an sich heranlassen, sonst zerbricht er daran. Und Entrümpler haben es manchmal mit Messiwohnungen zu tun, da werden ganze Container mit Müll entsorgt.

5.3 Handwerk und Baugewerbe

Für körperlich fitte Personen ist diese Branche gut geeignet, vor allem wenn sie dazu auch geschickt sind. Helfertätigkeiten sind verhältnismäßig leicht zu finden, bieten allerdings häufig keine sichere bzw. langfristige Anstellung. Der Anteil an Schwarzarbeit ist hoch, da in der Branche ein starker Preiskampf und Wettbewerbsdruck tobt. Eine Ausbildung ist empfehlenswert, da ein Geselle mehr verdient und sich in einigen Teilen der Branche seinen Arbeitgeber aussuchen kann. Sanitär- und Heizungsinstallateure werden so dringend gebraucht wie Elektriker. Natürlich muss das entsprechende Verständnis für die Materie vorhanden sein, womit sich wieder der Einfluss der Bildung auf die soziale Stellung und Entwicklungsperspektiven zeigt.

Für einige Berufe gilt der Meisterzwang, sollte als Ziel die Selbstständigkeit angestrebt sein. Dies sind die Berufe mit hoher Verantwortung und Gefahrenpotenzial bei falscher Ausübung wie Bäcker, Dachdecker, Elektriker und Schornsteinfeger.

„Handwerk hat goldenen Boden, aber ich will mich nicht schmutzig machen." Diese Mentalität ist die Grundlage für den Fachkräftemangel innerhalb dieser Branche. Körperliche Anstrengung schreckt ab, die junge Generation möchte ihr Geld lieber leicht verdienen oder nach der Ausbildung über 4.000,– Euro pro Monat verdienen – ohne Berufserfahrung. Da wird es dann ein bisschen schwierig, eine passende Stelle zu finden, weil Erwartungen und Realität weit auseinanderklappen.

Ebenfalls werden die kleinen Geschwister dieser Berufe gesucht, wie Bäckerei- oder

Fleischereifachverkäufer. Diese Berufe haben den Nachteil der geringen Entlohnung, dafür sind sie etwas sauberer – schon wegen der Hygienebestimmungen im Lebensmittelhandel.

Wer schlecht über diese Branche denkt, sollte einmal den größten Vorteil sehen: In keiner anderen Branche sieht man so gut das Ergebnis seiner Tätigkeit! Der Schreiner sieht seinen Schrank, der Maurer sein Gebäude. Hier kann Tageswerk noch wirklich vollbracht werden. Reinigungstätigkeiten und Wachgewerbe sind dagegen Sysiphustätigkeiten, du machst jeden Tag das gleiche. Da sinkt schnell die Motivation, wenn man nicht mit der ganzen Persönlichkeit hinter dem Job steht.

5.4 Gastronomie und Hotelgewerbe

Die Gastronomie bietet Unmengen an Möglichkeiten des Einstiegs. Gastronomie ist nicht nur auf Gaststätten begrenzt, der Kulturbereich gehört ebenfalls dazu. Die vielen Einstiegs-möglichkeiten sind der erste große Vorteil, dazu kommt noch häufig die Möglichkeit, durch Trinkgelder das Einkommen zu erhöhen. Es gibt Gaststätten, wo der Chef das Trinkgeld für sich einbehält – wenn Sie in so einer Spelunke arbeiten, kündigen Sie zeitnah und suchen Sie etwas anderes. Die hohe Fluktuation in diesem Gewerbe ist die Kehrseite. Es ist selten, jahrelang im gleichen Betrieb zu arbeiten. Außerdem werden gerne Studenten, und hier vor allem Studentinnen, eingestellt. Der Anteil an Aushilfstätigkeiten, vor allem am Wochenende, ist ziemlich hoch. Oft gibt es auch Bereitschaftsdienst, falls eine Thekenkraft ausfällt. Dann wird der Job nicht wirklich planbar.

Außerdem sind es Hilfstätigkeiten, Anlernberufe, zumindest im Erlebnisbereich, was sich auf den Stundenlohn auswirkt – er liegt häufig in der Nähe des Mindestlohns, weswegen das Trinkgeld hier so wichtig ist.

Etwas besser ist die Lage im gehobenen Segment, z. B. in Restaurants. Hier werden meistens ausgebildete Servicekräfte/ Restaurantfachkräfte gesucht, entsprechend fällt der Lohn etwas besser aus. Eine ähnliche Ausbildung gibt es in der Systemgastronomie, damit sind Sie auf Ketten wie Burger King und McDonalds festgelegt.

Der Service ist natürlich nicht der einzige Einsatzort, die Speisen müssen erst hergestellt werden, bevor sie beim Gast auf dem Tisch landen. Ein schneller Einstieg ist als Spülhilfe möglich, Ausbildungen gibt es zum Koch und zum Beikoch. In diesem Bereich wird dringend gesucht, was an den harten Arbeitsbedingungen liegt. Als Koch sind Sie schon mal mehr als zwölf Stunden tätig, vor allem wenn Sie in einem größeren Betrieb arbeiten und auch eine leitende Funktion ausführen. Ebenfalls zur Gastronomie gehören Bäcker und Konditoren. Gerade die Arbeitszeiten der Bäcker sind jedoch nicht jedermanns Sache, schließlich müssen Sie vor dem Frühstück der normalen Arbeitnehmer Brot und Brötchen zur Verfügung stellen.

Das Hotelgewerbe bietet ebenfalls verschiedene Einstiegsmöglichkeiten. Roomboy bzw. Zimmermädchen können Sie recht einfach werden, Sie müssen schnell und gründlich arbeiten. An der Rezeption sind je nach Klientel eventuell Fremdsprachenkenntnisse erforderlich. Eine Ausbildung zum Hotelfachmann eröffnet große Karrierechancen, da hier eine Weiterbildung zum Betriebswirt möglich ist (Ich erinnere an den großen Traum vieler Hotelfachleute, in der Schweiz zu arbeiten).

5.5 Wachdienst

Es ist wirklich sehr leicht, hier unterzukommen. Es ist so leicht, dass es gravierende Auswirkungen auf den Lohn und die Arbeitsbedingungen hat. Sie werden bei Unterschrift des Arbeitsvertrages wahrscheinlich einen Zettel als Ergänzung erhalten, bei dem Sie sich bereit erklären (müssen – sonst kein Vertrag), mehr als acht Stunden pro Tag und 48 Stunden pro Woche zu arbeiten. Wir reden von Zwölf-Stunden-Schichten an sieben Tagen die Woche, was nach Adam Riese bis zu 84 Stunden ergibt. Mehr ist aus berufsgenossenschaftlicher Sicht nicht erlaubt, aber wenn ihre Ablösung nicht erscheint, können es noch mehr Stunden werden. Als ich in Trier gearbeitet habe, hatte ich Kollegen in diesem Gewerbe, welche pro Monat 28 Tage zu je zwölf Stunden gearbeitet haben, macht 336 Stunden pro Monat. Der Stundenlohn war der damalige Mindestlohn in Höhe von 8,50 EUR, was einen Bruttoverdienst von 2856,– EUR ergab. Mittlerweile sind die Löhne leicht gestiegen, aber sie unterscheiden sich gewaltig in den einzelnen Bundesländern. Sie müssen sich genau informieren, wie die Lage bei Ihnen vor Ort ist. Außerdem zahlt nicht jeder Arbeitgeber nach Tarif, gerade die kleinen Firmen bieten oft nur Mindestlohn an – weil sie es sich nicht anders leisten können. Der Konkurrenzdruck ist enorm, die Kunden wollen alle Sicherheit in großer Qualität zum kleinen Preis. Das passt nicht zusammen und führt zur Armut im Gewerbe. Außerdem lohnen sich Fortbildungen in diesem Gewerbe fast nicht. Ungefähr 80 % aller Arbeiter im Sicherheitsdienst haben entweder keine Qualifizierung oder nur die Unterrichtung an der IHK. Die Sachkundeprüfung, die Fachausbildungen oder den Meister haben dementsprechend nur 20 %. Sie werden in dem

Gewerbe nicht nach ihrer Qualifikation bezahlt, sondern nach der Stelle. Wenn Sie als Meister (theoretischer Stundenlohn in NRW ab 2019: 18,– EUR) im reinen Objektschutz eingesetzt werden, bekommen Sie pro Stunde 10,58 EUR. Und das vielleicht für 240 Stunden im Monat. Offiziell liegt die Höchstgrenze bei 228 Stunden pro Monat, aber da unter den derzeitigen Bedingungen kaum jemand in der Branche arbeiten will, liegt die Stundenzahl häufig darüber. Die Schichten müssen schließlich besetzt werden.

In den Tarifverträgen gibt es viele verschiedene Eingruppierungen, aber aufgrund des Kostendrucks ist eine verlässliche Kalkulation nicht möglich. Sie können jederzeit durch ihren Arbeitgeber versetzt oder degradiert werden, z. B. weil der Kunde Fachkraftstellen abbaut. Der Nachtzuschlag liegt in NRW bei 10 %, in den meisten anderen Brachen bekommen Sie 25 %! Es handelt sich um Schichtarbeit, häufig werden Sie kurzfristig als Springer für erkrankte Kollegen eingesetzt – gerne, ohne gefragt zu werden. Sie haben per Gesetz die Verfügungsgewalt über die nächsten 48 Stunden und müssen eigentlich zustimmen, aber Sie möchten doch sicher Ihren Job behalten? Wachdienst bedeutet Sklavendienst, Verfügbarkeit rund um die Uhr und keine verlässliche Planung über die verhältnismäßig geringe Freizeit. Angesichts der Belastung ist der Krankenstand in der Branche grundsätzlich hoch, und viele Arbeitnehmer wechseln häufig die Arbeitgeber. Standardmäßig werden Verträge auf ein Jahr befristet, nach zweimaliger Verlängerung erfolgt gerne die Entlassung, da ansonsten ein unbefristeter Vertrag vorgelegt werden müsste. Sie erhalten bei diesem Arbeitgeber eine Sperrzeit von drei Jahren, sollten Sie in dieser Zeit wieder angestellt werden, hätten Sie einen Anspruch auf einen unbefristeten Vertrag – diese sind unerwünscht. Außerdem haben Sie bei Einstellung nur Anspruch auf 26 Tage Urlaub, alle zwei Jahre kommen zwei Tage dazu. Nach zehn Jahren Betriebszugehörigkeit hätten Sie bei einer Sechs-Tage-Woche somit sechs Wochen Urlaub. Für viele Arbeitgeber zu teuer!

Diese Branche ist ein Auffangbecken für Menschen, die aus gesundheitlichen Gründen keiner anderen Tätigkeit mehr nachgehen können oder aufgrund ihres Alters bzw. mangelnder Qualifikation keine andere Tätigkeit mehr finden. Sie sollten diesen Job nur als geringfügige Beschäftigung zur Ergänzung, als Einstieg in den Ausstieg aus Hartz IV oder als allerletzte Möglichkeit betrachten. Es ist in den seltensten Fällen eine Dauerlösung. Es ist allerdings eine bequeme Möglichkeit, als Rentner etwas aufzustocken.

5.6 Zeitarbeit

Zeitarbeit hat einen schlechten Ruf. Der ist häufig nicht unbegründet, da diese Mitarbeiter beim Personaldienstleister angestellt sind und somit in dem Betrieb, wo sie aushelfen, nicht wirklich ankommen. Häufig heißt es, Zeitarbeiter würden ausgebeutet. Das kommt vor, aber es gibt auch genügend Arbeitgeber in dieser Branche, welche gute Löhne zahlen. Vorteile als Arbeitnehmer sind:

1. Häufig kann man die Einsatzzeiten bestimmen, z. B. nur Frühschicht. Oder zumindest eine Schicht ausschließen.

2. Die Tätigkeit ist abwechslungsreich und lehrreich.

3. Meistens sind die Löhne bei Berufseinstieg höher als für Berufseinsteiger in der jeweiligen Branche.

4. Insbesondere für Hilfstätigkeiten ist es hier einfach, einen Arbeitsplatz zu finden.

Dem stehen folgende Nachteile gegenüber:

1. Man kommt menschlich nicht an, man ist immer der Fremde.

2. Man kommt fachlich nicht an, bei häufig wechselnden Einsatzorten geht betriebsspezifisches Wissen verloren (Wo ist ein spezielles Werkzeug etc.).

3. Es gibt häufig nur eine Lohnstufe, welche bei längerer Berufserfahrung das Wissen und Können der Fachkraft nicht angemessen entlohnt.

4. Als Zeitarbeiter ist eine *Aus*bildung[13] nicht möglich, da es hierfür eines festen Betriebes als Ansprechpartner bedarf.

Zusammenfassend lässt sich sagen, Zeitarbeit ist eine wunderbare Möglichkeit, in eine Branche reinzukommen und sich in ihr umzuschauen, um Erfahrungen zu sammeln. Um langfristig, ohne Ziel der Übernahme durch einen Kunden, in dieser Branche zu bestehen, benötigen Sie einen gewissen Freiheitsdrang. Sonst leiden Sie zu stark am Wechsel und der fehlenden Bindung zum Betrieb.

---

13 Dagegen ist eine außerbetriebliche Weiterbildung, z. B. durch ein Fernstudium durchaus möglich. Mit der abgeschlossenen Qualifikation bekommen Sie dann auch mehr Geld durch Eingruppierung in eine höhere Lohngruppe.

5.7 Weiter, weiter, Weiterbildung

Nutzen Sie die Möglichkeiten zur Qualifikation! Die Arbeitgeber jammern über einen *Fach*kräftemangel, nicht über einen *Hilfs*kräftemangel. Mit der passenden Ausbildung, welche Ihnen liegt, welche Sie gesundheitlich leisten können und welche Sie emotional erfüllt und motiviert, lassen Sie die Armut ein für alle Mal hinter sich. Ihr auf Dauer erzielbares Arbeitseinkommen lässt sich mit einer Formel erklären:

Einkommen = A x Q x D

1. A = Arbeitszeit: Je mehr Stunden Sie arbeiten, desto höher ist Ihr Lohn. Ganz einfach. Fleiß und Einsatz werden be- und entlohnt.

2. Q = Qualifikation: Je höher Ihre Qualifikation, also Ihr Wissensstand ist, desto mehr Lohn bzw. Gehalt können sie verlangen. Ihre Qualifikation

muss natürlich zur Stelle passen. Also nicht irgendwie fortbilden, sondern gezielt, aber intensiv.

3. D = Druck: Damit meine ich den Druck durch Gesellschaft und Arbeitsmarkt. In der Pflege sind die Löhne mittlerweile bei vielen Anbietern akzeptabel bis sehr gut. Trotzdem fehlen in dieser Branche wegen der Belastung durch den Job zahlreiche Fachkräfte.

Negativ wirkt sich dagegen der Druck des Marktes im Wachgewerbe aus. Unter zehn Prozent der Mitarbeiter in der Branche sind gewerkschaftlich organisiert, die Arbeitgeber haben die Flughäfen (Aviation) aus dem Tarifvertrag gelöst, manche Gewerkschaften (GÖD) sind arbeitgebernah, es gibt zu viele Anbieter, die Kunden wollen wenig zahlen ... Außerdem ist das Wachgewerbe das Auffangbecken für Arbeitslose. Wer aus gesundheitlichen Gründen nichts anderes mehr machen kann, wird halt zur Baustellenbewachung eingesetzt. Wenn das Jobcenter noch Fördermittel übrig hat, schickt es die Arbeitssuchenden zur Qualifizierung nach § 34a, Unterrichtung im Wachgewerbe. Das sorgt für eine richtige Arbeitnehmerschwemme in diesem Gewerbe. Dadurch entwickelt sich der Lohn dieser Branche schlecht, und er ist von Bundesland zu Bundesland unterschiedlich (Ausnahme: Gelb- und Wert, dieser Tarifvertrag ist bundesweit gültig).

Auf die ersten zwei Punkte haben Sie persönlich Einfluss, die letzte müssen sie bei der Wahl Ihres Berufes bedenken. Je mehr Qualifikations-möglichkeiten ein Job bietet, desto mehr Entwicklungsmöglichkeiten gibt es für Sie und Ihr Einkommen. Sie können natürlich auch Ihr Arbeitspensum erhöhen, aber jede Stunde Ihres Lebens steht Ihnen nur einmal zur Verfügung.

Freizeit muss auch mal sein, wobei Sie sich am Anfang eventuell sagen werden, davon hatten Sie erst mal genug. Mag sein, aber vergessen Sie die Erholung nicht, besonders in der Wachbranche werden Sie arbeitszeitmäßig von den Arbeitgebern ausgequetscht wie eine Zitrone.

6. Fort- und Weiterbildungsmaßnahmen

6.1 Möglichkeiten zur Fortbildung – Wer bietet was wo an?

Die bekanntesten Anbieter für Fort- und Weiterbildung sind

- Volkshochschulen

- Industrie- und Handelskammern

- Fernschulen

- Akademien der Arbeitgeber

- Selbststudium: (Hör)Bücher, Programme, Fachzeitschriften

6.1.1 Volkshochschulen

Volkshochschulen vermitteln keine Fort- und Weiterbildungen mit anerkannten Abschlüssen. Im beruflichen Bereich werden hier grundlegende Skills und Kompetenzen vermittelt wie Fremdsprachen (oder Deutsch für Neubürger), PC-Kenntnisse, Zeitmanagement, Organisation etc. Für kulturell oder gesundheitlich Interessierte finden sich Angebote mit Entspannungsmethoden, Sporttreffs, Lesezirkeln oder Studienreisen.

Diese Angebote werden meistens in Form von Kursen abgehalten, teilweise finden auch Tagesseminare statt. Als Nachweis für die Teilnahme gibt es nach Abschluss des Kurses häufig ein Zertifikat.

6.1.2 Industrie- und Handelskammern

Industrie- und Handelskammern sind häufig die Prüfungsstellen für kaufmännische und gewerbliche Ausbildungen. Dazu bieten Sie auch Fortbildungen in diesen Bereichen an, wie Fremdsprachenkorrespondent oder Bilanzbuchhalter. Schauen Sie bei Interesse auf der Homepage der für Ihren Wohnort zuständigen IHK nach, hier finden Sie die jeweiligen Bildungsangebote.

6.1.3 Fernschulen

Fernschulen und Fernuniversitäten bieten ein breites Spektrum an Weiterbildungsangeboten in verschiedenen Bereichen an. Fernuniversitäten sind dabei teurer, für manche Studiengänge sind Abitur bzw. Fachabitur Zugangsvoraussetzung, da sie eine höhere Qualifikation bieten (Bachelor/Master). Fernschulen dagegen haben geringere Zugangsvoraussetzungen, bzw. diese sind immer von dem angestrebten Lehrgang abhängig. Für Pflegeausbildungen ist beispielsweise ein Orientierungspraktikum oder ein soziales Jahr bzw. Bundesfreiwilligendienst eine Zugangsvoraussetzung.

Bekannte Fernschulen mit einem breiten Ausbildungsangebot sind beispielsweise das ILS und die SGD. Für fachspezifische Fortbildungen gibt es außerdem spezialisierte Bildungsträger wie das BTB für Gesundheitsberufe.

Der Lernstoff wird häufig mit Lehrbriefen zugestellt, damit der Fernschüler seine Lernzeit individuell einteilen kann. Mittlerweile findet in diesem Bereich auch eine zunehmende Digitalisierung statt, viele Institute bieten Webinare als Kurse oder Ergänzung an.

6.1.4 Akademien der Arbeitgeber

Große Konzerne und einige Mittelständler bieten in eigenen Akademien Weiterbildungsmöglichkeiten an. Hier werden die Arbeitnehmer für einige Zeit vom Dienst freigestellt, um an den jeweiligen Weiterbildungen teilzunehmen. Gerade bei kostenintensiven Ausbildungen kommt es vor, dass sich die Arbeitnehmer für einige Zeit beim Arbeitgeber verpflichten oder bei vorzeitigen Beenden ihrer Tätigkeit eine Entschädigung bezahlen müssen. Der Klassiker unter den guten Ausbildungen gegen Verpflichtung ist eine Ausbildung bei der Bundeswehr.

6.1.5 Selbststudium

Das Selbststudium mit Büchern, Zeitschriften und Hörbüchern ist die einfachste und kostengünstigste Form, um auf dem neuesten Stand zu bleiben. Genau dort ist sein idealer Zweck, mit dieser Methode verliert man nicht den Anschluss. Man kommt aber eben auch nicht vorwärts, da in Deutschland nicht das erworbene Wissen bzw. eine erworbene Qualifikation zählt, sondern der Beleg darüber. Deutsche Arbeitgeber sind auf Zertifikate aus, welche möglichst von renommierten Stellen stammen sollten. Dies hängt mit der starren Struktur des deutschen Arbeitsmarktes und den vielen restriktiven Maßnahmen zusammen. In Amerika gilt „You can do the job? Ok, let's see." Wenn Sie den Job können, dürfen Sie bleiben, ansonsten werden Sie gefeuert, jederzeit, egal wie lange Sie in der Firma sind. Wegen dieser Flexibilität können Sie schnell ihre Arbeit dort verlieren, aber eben auch schnell etwas Neues finden, da Arbeitgeber kein Risiko durch unbefristete Verträge eingehen. Wer in Deutschland dagegen einen unbefristeten Arbeitsvertrag hat, kann auch bei unzureichender Qualifikation nach der Probezeit nur noch schwer aus dem Betrieb entfernt werden. Daher sind die Hürden entsprechend höher, an eine solche Stelle zu gelangen – die Arbeitgeber müssen sich vor Fehleinstellungen bei Mitarbeitern schützen.

6.2 Möglichkeiten zur Finanzierung – Wer fördert mich wie womit, und was sind die Bedingungen?

Es existieren verschiedene Förderprogramme verschiedener Anbieter, welche nacheinander vorgestellt werden. Dies sind

- der Bildungsgutschein der Arbeitsagentur

- der Bildungsscheck der Länder

- die Bildungsprämie

- Bildungsurlaub (variiert je nach Bundesland)

- Bildungssparen

- BAföG für einen nachgeholten Schulabschluss

- Aufstiegs-BAföG

- Förderung durch Arbeitgeber

- Förderung durch Bildungsinstitutionen

- steuerliche Absetzbarkeit

- Bildungskredite

Gutscheine sind bei der Förderung nicht kombinierbar. Sollten sie Anspruch auf mehrere Fördermaßnahmen haben, setzen Sie den Schein mit der größtmöglichen Förderung ein.

Gutscheine, welche nur einen Teil der Kosten übernehmen, lassen sich immer mit steuerlicher Förderung kombinieren. Wenn sie dann noch eine Rabattaktion einer Bildungsinstitution nutzen können, ist oft zumindest nachträglich über die Hälfte eines Kurses bezuschusst.

6.2.1 Bildungsgutschein

Der Bildungsgutschein wird gewährt, um eine Arbeitslosigkeit zu beenden, eine drohende Arbeitslosigkeit abzuwenden oder einen Berufsabschluss nachzuholen. Er finanziert den Kurs, die Kosten der Prüfung, Bücher sowie Kinderbetreuung. Die Leistung muss nicht zurückgezahlt werden. Um ihn zu erhalten, ist eine Beratung bei der ARGE notwendig.

Aufgrund seiner Leistungen ist dies eine der besten Fördermaßnahmen. Sollten Sie bezugs-berechtigt sein, nutzen Sie es aus! Bei allen anderen Förderungen müssen Sie sich an den Kosten beteiligen.

6.2.2 Bildungsscheck

Der Bildungsscheck existiert nicht in allen Bundesländern. Er fördert Maßnahmen mit einem Zuschuss von bis zu 1.000,– EUR, das steuerliche Einkommen darf bei Singles 40.000,– EUR nicht übersteigen, für Ehepaare gilt eine Grenze von 80.000,– EUR. Der Zuschuss fördert maximal 50 % der Kosten, den Rest muss der Teilnehmer bezahlen. Außerdem darf der Arbeitgeber nicht mehr als 249 Beschäftigte haben, Beschäftigte größerer Firmen fallen raus.

Zielgruppe dieser Fördermaßnahme sind Beschäftigte, welche sich weiterbilden wollen.

6.2.3 Bildungsprämie

Um Anrecht auf die Bildungsprämie zu haben, darf Ihr zu versteuerndes Einkommen als Alleinstehender 20.000,– EUR nicht übersteigen, bei verheirateten Personen gilt 40.000,– EUR als Grenze. Der Gutschein fördert mit maximal 500,– EUR die Fortbildung, mindestens 50 % der Kosten müssen vom Teilnehmer getragen werden. Sie müssen sich mit mindestens 15 Stunden pro Woche in einer Beschäftigung oder in Elternzeit befinden. In einigen Bundesländern gelten Sonderregelungen, daher müssen Sie mit dem Berater die genauen Bedingungen abklären. Diesen Gutschein erhalten Sie in ausgewählten Beratungsstellen.

6.2.4 Bildungsurlaub

Bildungsurlaub ist Ländersache, nicht jedes Bundesland gewährt ihn. Außerdem unterscheiden sich die Vorgaben von Land zu Land, hier müssen Sie sich mit den Formalitäten Ihres Bundeslandes auseinandersetzen. Zweck des Bildungsurlaubes ist die Fortbildung der Arbeitnehmer im beruflichen, gesundheitlichen oder politischen Bereich. Dem Arbeitnehmer stehen pro Jahr fünf Tage Bildungsurlaub zur Verfügung, teilweise kann dieser alle zwei Jahre zusammengelegt werden, z. B. für eine Sprachreise. Bildungsurlaub steht einem Arbeitnehmer frühestens nach sechs Monaten Betriebszugehörigkeit zu.

Mehr unter: www.bildungsurlaub.de

6.2.5 Bildungssparen

Beim Bildungssparen handelt es sich um eine Entnahme aus dem angesparten Vermögen aus vermögenswirksamen Leistungen. VL unterliegen normalerweise einer Sperrfrist von sieben Jahren, allerdings hat der Gesetzgeber für Fortbildungszwecke eine vorzeitige Entnahmemöglichkeit gewährt. Eigentlich handelt es sich hierbei um eine Umschichtung von Sparguthaben in Humankapital – das Geld dient schließlich der Entwicklung des Arbeitnehmers.

6.2.6 Bafög für den nachgeholten Schulabschluss

Sofern Sie sich im letzten Jahr der Vorbereitung für einen nachgeholten Schulabschluss befinden, können Sie Schüler-BAföG beantragen. Dieses muss nicht zurückgezahlt werden. Es wird allerdings nicht jeder Abschluss gefördert, sondern nur Abitur, Fachhochschulreife und Realschulabschluss. Sie dürfen bei Beginn der Maßnahme das 30. Lebensjahr nicht vollendet haben, müssen bereits sechs Monate erfolgreich am Kurs teilnehmen und müssen drei Monate davon in Vollzeit gelernt haben. Außerdem müssen Sie bedürftig sein, z. B. weil Sie keinen Anspruch auf Arbeitslosengeld haben.

6.2.7 Aufstiegs-BAföG

Früher hieß es noch Meister-BAföG. Da der Meisterabschluss nicht die einzige Fortbildung ist, welche gefördert wird, kam es zur Umbenennung. Aufstiegs-BAföG unterstützt Teilnehmer von anspruchsvollen Fortbildungen in Voll- oder Teilzeit. Auf der Seite www.aufstiegs-bafoeg.de des Bundesministeriums für Bildung und Forschung finden Sie einen Förderrechner, Antragsformulare und Artikel zu den Bedingungen. Wie bei allen BAföG-Förderungen gibt es einen Zuschuss-Anteil welcher nicht zurückgezahlt werden muss und einen Teil als zinsloses Darlehen.

6.2.8 Förderung durch Arbeitgeber

Arbeitgeber, welche kunden- und zukunfts-orientiert denken, schicken ihre Mitarbeiter zur Fortbildung. Das können einzelne Seminare, aber auch richtige Weiterbildungen sein. Einzelne Konzerne besitzen eigene Akademien, wo ihre Mitarbeiter fachspezifisch und zentralisiert ausgebildet werden. Dafür müssen Sie meistens länger beim Arbeitgeber beschäftigt sein, zumindest die Probezeit überstanden haben. Größere Arbeitgeber gehen auch Kooperationen mit Bildungsinstituten ein, um Vergünstigungen in Form von Firmenrabatten für ihre Mitarbeiter zu erhalten.

6.2.9 Förderung durch Bildungsinstitutionen

Hierbei handelt es sich vor allem um drei verschiedene Maßnahmen:

- Rabattaktionen für Neukunden

- Treueprämien

- Ratenzahlung

Meistens haben die Kurse bei Bildungsinstitutionen festgelegte Preise. Zu bestimmten Zeiten („Frühjahrsangebot", „Weihnachtsspezial") werden Nachlässe gewährt, um den Einstieg in den Aufstieg schmackhaft zu machen. Die Bezahlung des Kurses wird meistens in monatlich gleichbleibenden Raten getätigt.

Für Absolventen eines Kurses werden häufig Nachlässe für Folgekurse gewährt. Es gibt beispielsweise einige Fernschulen, welche ab dem zweiten Kurs Nachlässe von 15–20 % gewähren.

Beide Nachlässe wirken sich auf die unmittelbare Höhe und Belastung durch die monatliche Rate aus, indem sie diese kürzen.

Außerdem kommt es vor, das Weiterbildungseinrichtungen Kooperationen mit Unternehmen eingehen und deren Mitarbeitern dann einen Firmenrabatt anbieten. Dabei handelt es sich allerdings um große Konzerne wie z. B. Lufthansa, Dekra, den 1. FC Köln oder die Telekom[14]. Informieren Sie sich bei Ihrem Arbeitgeber.

14   Allesamt Kooperationspartner des ILS

6.2.10 Steuerliche Absetzbarkeit

Die steuerliche Absetzbarkeit ist die Maßnahme, welche immer möglich ist, selbst wenn kein Anspruch auf sonstige Förderungen wie Bildungsscheck oder BAföG besteht. Die einzige Voraussetzung ist, dass man Steuern zahlt.

Nachteil dieser Förderung ist, dass Sie zuerst mit den kompletten Kosten in Vorleistung gehen müssen, Sie können sich allerdings auch die Weiterbildungskosten auf der Lohnsteuerkarte eintragen lassen, dann werden monatlich die Abzüge durch die Lohnsteuer verringert. Durch diese Maßnahme werden sie jedoch zu einer Abgabe einer Steuererklärung verpflichtet. Das ist häufig keine schlechte Idee, holen Sie sich bei Bedarf Hilfe bei einem Lohnsteuerhilfeverein (oder

Steuerberater, falls Gewinneinkünfte[15] mit vorliegen).

---

15 Einkünfte aus Land- und Forstwirtschaft, Gewerbebetrieb oder Selbstständigkeit (Katalogberufe/ freie Berufe)

6.2.11 Bildungskredite

Bildungskredite sind die letzte Maßnahme, zu welcher Sie greifen sollten. Es handelt sich hierbei um Bankdarlehen, welche zur Finanzierung Ihrer Fortbildung, monatlich während der Maßnahme, ausgezahlt werden. Diese müssen selbstverständlich zurückgezahlt werden, inklusive eines angemessenen Zinssatzes. Sofern Sie Bedarf für einen Bildungskredit haben, vergleichen Sie unbedingt die Angebote. Es sollte möglich sein, kostenlos Sondertilgungen zu leisten (z. B. aus Steuererstattungen, Weihnachts- oder Urlaubsgeld). Außerdem muss der Zinssatz niedrig und die Rate flexibel sein. Bei etlichen Anbietern ist es möglich, eine Rate auszusetzen. Sondertilgungen sollten die Laufzeit verkürzen, aber auf Wunsch auch die einzelnen Raten kürzen können.

7. Vermögensaufbau & Altersvorsorge

7.1 Der Sinn des Sparens

„Ich spare grundsätzlich nicht. Ich gebe meinen kompletten Lohn während eines Monats aus. Von der Rente kann ich später nicht leben, da lande ich in der Grundsicherung. Die wird mir gekürzt, solange ich noch verwertbares Vermögen habe. Für den Staat sparen? Ich bin doch nicht blöd! Das mache ich ganz bestimmt nicht."

Nein, Personen mit dieser Einstellung sind nicht dumm. Aber sie liegen falsch, und sie handeln falsch. Wenn Sie einen gewissen Wohlstand in Form eines Kapitalvermögens aufgebaut haben, können Sie daraus ein passives Einkommen in Form von Zinsen und Dividenden erzeugen, welches ihre Rente ergänzt und oberhalb der Grundsicherung liegt. Außerdem hat die Politik mittlerweile Änderungen beschlossen, welche dafür sorgen, dass eine Betriebsrente bzw. eine Riester-Rente bis zu einer Höhe von 200,- EUR (Stand 2018) nicht angerechnet wird. *Wenn Sie kein Geld für später zur Seite legen, machen Sie sich von den Sozialleistungen des Staates abhängig.* Und Sie wollen doch eine Unabhängigkeit erreichen, Sie wollen frei sein. Sie können sich ohne zu sparen niemals von der Angst um ihr Einkommen befreien! Im Finanzsektor sagen wir immer, lege niemals alle Eier in einen Korb. Diversifikation ist die beste Möglichkeit zur Risikostreuung. Wer sich nur auf ein Produkt verlässt, hat echte Probleme, sollte dort mal etwas schief gehen. Und wer sich alleine auf die gesetzliche Rente verlässt, dem ist nicht zu helfen. Die deutschen Politiker sind natürlich anderer Meinung, notwendige Reformen würden starke Einschnitte erfordern und Stimmen bei der nächsten Wahl kosten. Deswegen werden vor jeder Bundestagswahl Wahlgeschenke in Form von Erhöhungen im Sozialetat versprochen, auch wenn das Geld eigentlich nicht da ist und die Überalterung der Gesellschaft voranschreitet.

Betriebsrente: Es gibt verschiedene Modelle, welche ich hier nicht alle aufführen möchte. Heutzutage sind Pensionszusagen von Unternehmen eher selten, die meisten Betriebsrenten laufen über Direktversichungen ab. Diese können sie auch vom Arbeitgeber verlangen, allerdings können sie keinen Zuschuss verlangen welcher über den gesetzlichen Mindestsatz hinausgeht. Das ist Verhandlungssache oder im Tarifvertrag festgeschrieben. Allgemein lässt sich als Faustformel sagen, dass eine Direktversicherung nur dann vorteilhaft ist, wenn der Arbeitgeber einen Zuschuss von mindestens 40 % leistet. Die

Einzahlung des Arbeitnehmers in die Direktversicherung wird vom Bruttolohn abgezogen, somit finanziert sich die Versicherung teilweise durch Einsparungen bei Lohnsteuer und Sozialversicherung. Achtung, hier liegt der Hase im Pfeffer. Dadurch reduzieren sich die Ansprüche aus Renten- und Arbeitslosenversicherung, da diese von der Höhe der Einzahlung abhängig sind! Die Auswirkungen sind allerdings gering, im schlimmsten Fall ist die Rente genau so hoch, als wenn Sie nur eine gesetzliche bekämen. Sie haben allerdings den Vorteil der Risikostreuung, da die Betriebsrente eine kapitalbasierte Rente ist (im Gegensatz zur umlagefinanzierten gesetzlichen Rente).

Riester-Rente: Sie hat einen schlechten Ruf, und leider nicht ganz zu unrecht. Fakt ist, dass 80 % aller Riesterverträge viel zu teuer sind. Fakt ist auch, dass mit dem Unterschied in den Erträgen zwischen verschiedenen Versicherungen teilweise ein Auto gekauft werden könnte. Fakt ist aber auch, dass man selbst entscheiden kann, wie hoch das Risiko und somit die möglichen Erträge sein sollen. Außerdem sind die Summe der Einzahlungen sowie die Zulagen als Ausschüttung staatlich garantiert. Daher unterscheiden sich das Risiko eines Riester-Fondsparplans und eines Riester-Banksparplans nicht, nur das der Banksparplan flexibler ist, falls Sie später doch noch das Produkt wechseln wollen, wogegen der Fondssparplan die größten Erträge erwirtschaften kann. Informieren Sie sich über Testurteile, z. B. von der Stiftung Warentest, bevor Sie einen Riestervertrag abschließen.

Übrigens können Sie, falls Sie finanziell mal den Gürtel enger schnallen müssen, jederzeit ihre Betriebsrente bzw. den Riester-Vertrag pausieren lassen, ohne ihn gleich zu kündigen.

Fangen Sie schon jetzt, ohne Job, mit dem sparen an. Fünf Euro pro Monat – eine Schachtel Zigaretten weniger rauchen, eine Kiste weniger billiges Bier saufen (sie sollten eh damit aufhören), schon haben Sie den Betrag zusammen. Der Betrag an sich bringt Sie nicht weiter, aber sie gewöhnen sich bereits daran, etwas Kapital zur Seite zu legen. Daraus entwickelt sich mit der Zeit ihre eiserne Reserve – diese soll später mindestens drei Monatsgehälter betragen. Dann sind Sie auf der sicheren Seite.

7.2 Übung – Budget und Haushaltsplan

Gerade wenn Sie wenig Geld haben, ist es wichtig, den Überblick über Einnahmen und Ausgaben zu behalten, um möglichst keine unnötigen Ausgaben zu tätigen. Sie benötigen erst mal jeden Cent.

In folgender Liste gehe ich davon aus, dass die Wohnung nicht direkt vom Amt bezahlt wird.

Die Liste ist nicht vollständig und enthält Beispielwerte, bitte nutzen Sie Ihre eigenen Zahlen und ergänzen Sie notwendige Posten. Teilen sie die Sparrate in Notgroschen, Anschaffungssparen (für ein neues Auto, Waschmaschine etc.) und Altersvorsorge auf. Ebenso die Sozialleistungen, falls Sie z. B. Wohngeld und Kindergeld erhalten. Führen sie jeden Posten einzeln auf!

Die folgenden Werte sind nicht repräsentativ, da vor allem die Mieten sich in den Regionen stark unterscheiden. Auch die Kosten für das Auto hängen von der Pendelstrecke ab, vielleicht besitzen Sie auch kein Auto, das wäre noch günstiger.

Verplanen Sie nicht ihr komplettes Budget, irgendwas kommt immer ungeplant dazwischen. Dafür benötigen sie eine Transaktionskasse (Reserve) in Höhe von 200,00 EUR[16].

---

16   Das ist kein monatlicher Wert, sondern ein Grundguthaben, welches zusätzlich zu Ihrem Lohn/Gehalt/Sozialleistungen immer auf dem Konto bleiben sollte – als schnelle Reserve.

Posten	Einnahme/ Ausgabe	kumulierter Wert
Lohn, Gehalt	450,00 €	450,00 €
Sozialleistungen	1.000,00 €	1.450,00 €
sparen[17]	25,00 €	1.425,00 €
Miete, warm	500,00 €	925,00 €
Strom	40,00 €	885,00 €
Telefon	20,00 €	865,00 €
Auto	100,00 €	765,00 €
Nahrung	300,00 €	465,00 €
Hygiene	20,00 €	445,00 €
Fortbildung	25,00 €	420,00 €

---

17 Genau an diese Stelle gehört die Sparrate, nach den Einnahmen, vor den Ausgaben. Nehmen Sie eine Rate, welche Sie sich leisten können, legen Sie diese direkt zur Seite. Am Ende des Monats wäre das Geld weg. Denken Sie auch daran, Sie brauchen einen Notgroschen (drei Nettogehälter in Vollzeit) und ein Vermögenskonto. Eine betriebliche AV ist hier bereits abgezogen, da der Arbeitgeber diese direkt an die zuständige Einrichtung überweist – siehe Lohnzettel.

Konsum[18]	145,00 €	275,00 €
Gesamt/ Rest		295,00 €

---

18   Dies sollten nach Möglichkeit 10 % ihres Nettoeinkommens sein, nicht mehr. Allerdings: Man lebt nur einmal, gönnen sie sich mal was.

8. Zusammenfassung

Jeder Mensch ist in der Lage, seine Situation zu verbessern. Dies geschieht durch Aus-, Fort und Weiterbildungen, welche den Arbeitsplatz sichern und das Einkommen erhöhen.

In welcher Lage Sie sich auch immer befinden mögen, fangen Sie an, diese zum Positiven zu verändern. Warten sie nicht auf das Glück, Glück muss man sich erarbeiten, es kommt zu den Fleißigen. Sollten Sie arbeitssuchend sein, finden Sie erst einmal raus, welcher Job zu Ihnen passt. Danach suchen Sie die möglichen Wege, diesen zu erreichen. Falls Sie bereits in Arbeit sind, bilden sie sich weiter und erhöhen Sie ihr Einkommen.

Denken Sie immer daran, wenn Sie an einer Arbeitsstelle kleben, welche schlecht bezahlt wird, nur weil der Vertrag unbefristet ist, dann mag der

Job sicher sein – spätestens die Altersarmut ist Ihnen dann genau so sicher. Veränderungen erfordern Mut, und mutig sein hat nichts mit keine Angst haben zu tun. Es bedeutet nur, dass Sie die Angst überwinden müssen. Streichen Sie das Wort „aber" aus ihren Wortschatz, es bremst sie aus.

Entwerfen Sie einen Bildungs- und Entwicklungsplan, fangen Sie noch heute damit an. Kommen Sie ins Handeln, Sie haben nach der Lektüre dieses Buches noch maximal 72 Stunden Zeit, zu beginnen ihr Leben zu ändern. Danach ist die Motivation verflogen und es bleibt alles beim Alten.

Ich glaube an Sie, und ich empfehle Ihnen, das selbst auch zu tun. Sollten Sie weitere Hilfe benötigen, können Sie sich gerne an mich oder einen Kollegen aus dem Coaching bzw. der Bildungs- und Berufsberatung wenden. Bei mir gibt es die Möglichkeit eines kostenlosen informativen Erstgespräches, bei welchem die Ziele geklärt und die zwischenmenschliche Chemie geprüft werden kann.

Ansonsten bitte ich an dieser Stelle um Verbesserungsvorschläge, für konstruktive Kritik bin ich jederzeit offen. Außerdem freue ich mich natürlich über jede Bewertung des Buches.

Viel Erfolg beim sozialen Aufstieg!

9. Anhang

9.1 Quellen- und Literaturverzeichnis

Bücher und Hörbücher:

Amend, Lars: Why not? – Inspirationen für ein Leben ohne Wenn und Aber, 4. Auflage, München 2018

Bischoff, Christian: Unbesiegbar – 55 Geheimnisse wie du alle anderen überflügelst, München 2018

Bischoff, Christian: Selbstvertrauen – Die Kunst dein Ding zu machen, München 2014

Fischer-Epe, Maren und Claus Epe: Selbstcoaching: Hintergrundwissen, Anregungen und Übungen zur persönlichen Entwicklung

Fischer-Epe, Maren Coaching: Miteinander Ziele erreichen, 7. Auflage, Hamburg 2011

Hartmann, Alexander: Mit dem Elefant durch die Wand: Wie wir unser Unterbewusstsein auf

Erfolgskurs bringen – Eine Gebrauchs-
anweisung

Hauth, Dr. med Iris: Keine Angst – Was wir gegen
Ängste und Depressionen tun können,
München 2018

Hill, Napoleon: Denke nach und werde reich,
München 1989

Kaelble, Hartmut: Sozialgeschichte Europas – 1945
bis zur Gegenwart, Schriftenreihe Band 618,
Bundeszentrale für politische Bildung, Bonn
2007

Leister, Michael: Die Erfolgsgarantie. Das letzte
Hörbuch, das du zum Thema „Erfolg" hören
wirst

Lyubomirsky, Sonja: Glücklichsein: warum Sie es
in der Hand haben, zufrieden zu leben

Maurer, Wolf-Jürgen: Resilienz – Wie wir Krisen
meistern, Psychosomatik Scheidegg 14

Maurer, Wolf-Jürgen: Persönlichkeitsstile – Meine Persönlichkeit, mein Symptom und ich, Psychosomatik Scheidegg 25

Pilz, Frank: Der Sozialstaat – Aufbau – Kontroversen – Umbau, Schriftenreihe Band 761, Bundeszentrale für politische Bildung, Bonn 2009

Reinwarth, Alexandra: Das Leben ist zu kurz für später: Ein Gedankenexperiment, das dein Leben verändern wird

Schäfer, Bodo: Der Weg zur finanziellen Freiheit – Ihre erste Million in 7 Jahren, 8. Auflage, München 2018

Seiler, Laura Malina: Mögest du glücklich sein

Tracy, Brian: Eat that frog

Zeitschriften:

Benz, Benjamin u. a.: Sozialpolitik, Informationen zur politischen Bildung, Nr. 327/2015

Hardering, Frederike: Die Suche nach dem Sinn: Zur Zukunft der Arbeit; in: Arbeitsmarktpolitik, aus Politik und Zeitgeschichte 26/2017

Walwei, Ulrich: Agenda 2010 und Arbeitsmarkt: eine Bilanz, in: Arbeitsmarktpolitik, aus Politik und Zeitgeschichte 26/2017

Podcasts:

Beck, Tobias: Der Bewohnerfrei-Podcast

Berends, Marilena: gratitude daily – Dein Podcast für mehr Lebensfreude, Bewusstsein und Gelassenheit

Bischoff, Christian: Die Kunst dein Ding zu machen

Cerutti, Franca: Psychologie to go

Fuchs, Klara: Foxy Mind – Mit Gelassenheit zum Erfolg

Gedankentanken: Inspiration & Motivation von Top-Rednern

Löhr, Jörg: Einfach mehr Erfolg

Ouattara, Ben: Mach es einfach

Schönau, Yvonne: Raus aus deinem Kopf

Seiler, Laura: Happy. Holy & Confident

Internetadressen:

https://www.kenn-dein-limit.de (Zugriff am 10.01.19)

https://www.123test.de/Persönlichkeitstest (Zugriff am 16.02.19)

https://www.123test.de/Berufstest/ (Zugriff am 16.02.19)

https://www.16personalities.com/de/kostenloser-personlichkeitstest (Zugriff am 16.02.19)

http://charaktertest.net/persoenlichkeitstest (Zugriff am 16.02.19)

http://www.berufsfindungstest.eu/ (Zugriff am 16.02.19)

https://www.sunrisemedical.de/blog/8-beruehmte-menschen-mit-behinderung (Zugriff am 19.02.19)

https://passionatepeople.invacare.de/beruehmte-persoenlichkeiten-mit-behinderungen/ (Zugriff am 19.02.19) https://www.finanztip.de/betriebliche-altersvorsorge/betriebsrente/ (zugriff am 20.02.19)

https://www.wiwo.de/finanzen/vorsorge/betriebsrente-fuenf-verschiedene-typen-von-betriebsrenten/11584240-2.html (Zugriff am 20.02.19)

https://www.betriebliche-altersvorsorge24.info/betriebsrente/betriebsrente-witwenrente (Zugriff am 20.02.19)

https://www.riester-rente.net (Zugriff am 20.02.19)

https://www.focus.de/politik/praxistipps/german-angst-was-ist-das-eigentlich_id_7705190.html (Zugriff am 24.02.2019)

https://www.welt.de/wissenschaft/article132728527/Die-German-Angst-steckt-tief-in-unseren-Genen.html (Zugriff am 24.02.2019)

http://www.suchtkrankenhilfe-schwaigern.de/info/alkohol/5trinkertypen/ (Zugriff am 06.03.2019)

http://www.bifw.de/index.html (Zugriff am 20.03.2019)

https://www.arbeitsagentur.de/karriere-und-weiterbildung/foerderung-berufliche-weiterbildung (Zugriff am 20.03.2019)

9.2 Über den Autor

Matthias Rieger, Jahrgang 1979, ausgebildeter Steuerfachangestellter, Diplom-Handelslehrer, Autor, Coach, Psychologischer Berater, Bildungs- und Berufsberater.

Der Schwerpunkt seiner Tätigkeit liegt in der Behandlung von Erschöpfungszuständen wie Burn-out, Schlafstörungen, Sexualstörungen und Trauerphasen. Riegers Anliegen ist die persönliche Freiheit seiner Kunden. „Du sollst nicht aus Zwang handeln, sondern aus innerem Antrieb heraus."

Als Psychohygiene und Ausgleich läuft er regelmäßig, auch mal einen Halbmarathon und unterstützt die musikalische Indieszene mit seinem eigenen Sender „Independent Radio Trier". Außerdem produziert er unter diversen Decknamen selbst Musik im House-, Chill- und Nujazz-Segment, schreibt Kurzgeschichten und unterstützt Autoren bei der Veröffentlichung.

Mehr unter:

www.traum3.de

www.praxis-matthiasrieger.com

Zeitfracht Medien GmbH
Ferdinand-Jühlke-Straße 7
99095 Erfurt, Deutschland
produktsicherheit@kolibri360.de